일본유학시험(EJU)

모의시험 10회분
생 물

최신!
출제경향

일본유학시험 문제를 철저분석

본시험 경향에 맞춘 코치학원 오리지널 문제

권말에 한일영 생물 단어집, 자기분석시트, 학습달성표를 수록

글로벌 인재육성, 1984년설립
(주)해외교육사업단

머 리 말

일본유학시험(EJU)은 일본의 대학에 입학을 희망하는 유학생을 대상으로 대학 등에서 필요로 하는 일본어능력 및 각 과목의 기초학력 평가를 목적으로 하는 시험으로, 연 2회 실시되고 있습니다.

일본유학시험에서는 본사가 교육현장에서 사용하고 있는 『일본유학시험 표준교과서』 등으로 학습하는 기초적인 지식뿐만 아니라, 종합적인 고찰력·사고력이 필요합니다. 또한, 한정된 시간 내에 신속히 정답을 찾아내는 독해력·판단력도 요구되며, 마크시트 형식이라는 독특한 해답 형식에 익숙해질 필요도 있습니다. 이와 같은 일본유학시험에서 고득점을 얻기 위해서는 같은 형식의 좋은 문제를 많이 접하는 것이 효과적입니다.

본 책은 위와 같은 내용에 근거하여 과거에 출제된 문제를 철저하게 연구·분석하여 제작된 모의시험입니다. 형식·내용·레벨에 있어 실제 시험에 가까운 문제가 10회분 수록되어 있으며 실전과 같은 시험에 여러 번 도전할 수 있도록 되어 있습니다. 본 책을 활용함으로써 학력 향상과 더불어, 확고한 자신감을 얻을 수 있게 될 것입니다.

저희 코치학원에서는 각 교과의 교재전문 스태프가 매일 교과 내용을 연구·분석하여 일본의 대학 진학을 희망하고 있는 외국인 수험생 여러분에게 도움이 되는 교재를 개발하고 있습니다.

이 「모의시험 시리즈」 및 코치학원 발행의 자매도서를 철저하게 학습하여, 여러분이 꿈꾸는 미래로 나아가서 많은 활약을 할 수 있게 되기를 바랍니다.

한국에서 일본유학을 준비하는 여러분에게 이용의 편리함을 제공하기 위해 해외교육사업단에서 한국판을 발행하게 되었습니다.

2019년 5월

코치학원

본 책에 대하여

■ 일본유학시험(EJU) 「생물」에 대하여

　일본유학시험은 연 2회, 6월과 11월에 실시되며, 출제과목은 「일본어」, 「이과」(물리·화학·생물), 「종합과목」 및 「수학」입니다.

　「이과」는 시험시간이 80분, 해답용지는 마크시트 방식으로 「물리」·「화학」·「생물」 중에서 두 개의 과목을 골라 풀며 과목마다 별도의 개별시간 없이 주어진 80분에서 2과목을 선택하여 풀어야 합니다.

　「생물」의 출제범위는 일본의 고등학교 지도요령인 「생물기초」 및 「생물」의 범위에 준하고 있습니다. 각 문제는 아래의 출제범위에서 출제됩니다.

Ⅰ. 생명현상과 물질
　　1. 세포와 분자 (세포소기관, 원핵세포와 진핵세포, 단백질 구조, 효소 등)
　　2. 대사 (ATP와 그 역할, 호흡, 광합성, 질소동화 등)
　　3. 유전정보와 그 발현 (유전정보와 DNA, 유전정보의 발현, 유전자의 발현조절 등)

Ⅱ. 생식과 발생
　　1. 유성생식 (감수분열, 성염색체, 유전자와 염색체 등)
　　2. 동물의 발생 (배우자형성과 수정, 초기 발생 과정, 세포의 분화와 형태형성)
　　3. 식물의 발생 (배우자형성과 수정, 배아발생, 식물의 기관 분화)

Ⅲ. 생물의 체내환경과 유지
　　1. 체내환경 (체액의 순환계, 체액의 성분과 농도조절, 혈액응고 체계)
　　2. 체내환경 유지 체계 (자율신경과 호르몬에 의한 조절)
　　3. 면역 (면역 역할 세포, 면역 체계)

Ⅳ. 생물의 환경 반응
　　1. 동물의 반응과 행동 (수용기·효과기·신경계와 그 작용, 동물의 행동)
　　2. 식물의 환경 반응 (식물 호르몬의 움직임, 식물 광수용체의 움직임)

Ⅴ. 생태와 환경
　　1. 개체군과 생물군집 (개체군과 구조, 생물군집과 구조 등)
　　2. 생태계 (생태계의 물질생산과 물질순환, 생태계와 생물다양성 등)

Ⅵ. 생물 진화와 계통
　　1. 생물 진화 체계 (생명의 탄생, 생물의 진화, 진화 체계 등)
　　2. 생물의 계통 (생물 계통에 따른 분류, 고차 분류군과 계통)

　자세한 내용은 일본유학시험 홈페이지에도 게재되어 있으므로 한번 확인해 보는 것이 좋습니다.

[생물]의 시험문제에는 생물용어 몇 곳에 영어가 병행 기재되어 있습니다 (예 : 핵(nucleus)). 해답 시 참고하시면 좋습니다. 또한, 본 책에서도 실제 시험와 동일하게 생물용어에 영어가 병행 기재되어 있습니다.

■ 본 책에 대하여

유학생을 위한 진학예비교인 코치학원은 오랜 기간에 걸쳐 지금까지의 일본유학시험에 출제된 문제를 분석하여 유학생 여러분이 어떻게 학습하면 시험에 대응할 수 있는 실천력, 실력을 쌓을 수 있는지를 연구해 왔습니다. 본 책은 그 성과를 담아 일본유학시험의 출제 경향에 대응하는 **모의시험 문제 10회분과 해답, 부록**을 수록한 문제집입니다.

시험대책에는 출제 경향에 따른 좋은 문제를 많이 풀어 실력을 기르고, 출제 경향이나 패턴을 파악하는 것이 중요합니다. 본 책은 위에서 언급된 「생물」의 최근 출제범위에 준하고 있습니다. 최근의 「생물」시험은 전체 18문제로 이루어지며 본 책에서도 한 회 시험은 전체 18문제로 구성되어 있습니다. 또한 내용과 난이도에 관해서는, 과거에 출제된 일본유학시험 문제를 철저하게 연구·분석함으로써, 실제 시험문제에 매우 가까이 근접하고 있습니다.

해답 페이지에는 해답과 아울러서 ★~★★★의 세 단계로 문제마다 난이도를 나타내고 있습니다. 우선은 ★문제를 확실하게 푸는 것으로 하고, 이어서 ★★, ★★★문제를 풀 수 있도록 노력해 보십시오.

■ 자기분석시트에 관해

부록에는 「자기분석시트」가 수록되어 있습니다. 각 회차 분야마다의 정답수를 기록할 수 있으므로, 자신의 실력과 부족한 분야 등을 파악할 수 있도록 되어 있습니다. 실력이 부족하다고 생각하는 분야를 중점적으로 복습해서 빈틈없이 실력을 쌓은 후에 시험에 도전할 수 있도록 자기분석시트를 활용해 봅시다.

■ 해답용지와 마크시트를 기입할 때 주의점

일본유학시험 「생물」의 해답용지는 답의 마크부분을 연필로 칠하는 마크시트 형식입니다. 반드시 HB연필로 마크하십시오. 볼펜이나 사인펜은 사용할 수 없습니다. 마크 농도가 옅거나, 정확하게 마크되지 않으면 채점되지 않기 때문에 연필로 확실히 마크하고, 그 외의 부분은 기입하지 않도록 하십시오. 또한 잘못 마크한 곳을 정정하려고 할 때는 연필 자국이 남지 않도록 플라스틱 지우개로 깨끗이 지워주세요. 깨끗이 지워지지 않으면 채점되지 않습니다.

■ 본 책의 사용법

본 책 10회 분의 모의시험 문제와 부록은 일본유학시험에 필요한 실력을 효율적으로 높일 수 있는 학습을 가능하게 합니다.

시험대책으로는 일본유학시험의 형식에 익숙해지는 것이 중요합니다. 시험 경향에 따른 모의시험으로 일본유학시험과 같은 시간, 같은 해답용지, 필기구를 사용하여 몰두해 봅시다. 해답 후에는 채점 결과를 분석하여 자신의 약점인 부족한 분야나 지식을 파악해 주십시오. 부족한 분야나 약점을 중점적으로 복습하여 앞으로의 공부에 활용함으로써 보다 효과적으로 성적을 올릴 수 있습니다.

위와 같은 흐름에 따라 본 책의 모의시험을 반복하여 풀어감으로써 기초 능력에 더하여 종합적인 고찰력이나 사고력, 한정된 시간에서 해답할 수 있는 판단력 등, 일본유학시험에 필요한 실력이 자연스럽게 향상됩니다.

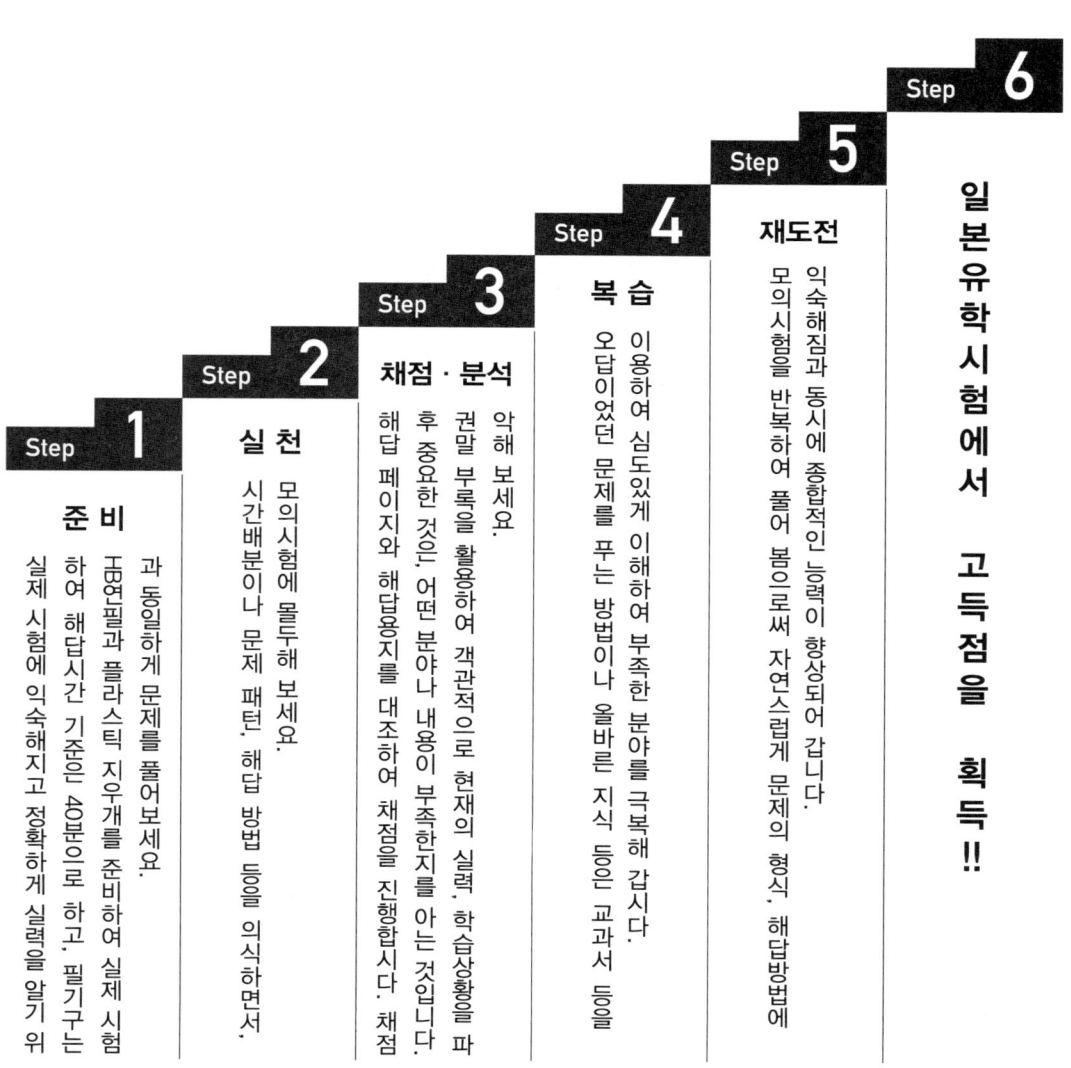

Step 1 준비
과 동일하게 문제를 풀어보세요. HB연필과 플라스틱 지우개를 준비하여 실제 시험하여 해답시간 기준은 40분으로 하고, 필기구는 실제 시험에 익숙해지고 정확하게 실력을 알기 위

Step 2 실천
시간배분이나 문제 패턴, 해답 방법 등을 의식하면서 모의시험에 몰두해 보세요.

Step 3 채점·분석
악해 보세요. 권말 부록을 활용하여 객관적으로 현재의 실력, 학습상황을 파악 중요한 것은, 어떤 분야나 내용이 부족한지를 아는 것입니다. 채점 해답 페이지와 해답용지를 대조하여 채점을 진행합시다.

Step 4 복습
이용하여 심도있게 이해하여 부족한 분야를 극복해 갑시다. 오답이었던 문제를 푸는 방법이나 올바른 지식 등은 교과서 등을

Step 5 재도전
익숙해짐과 동시에 종합적인 능력이 향상되어 갑니다. 모의시험을 반복하여 풀어 봄으로써 자연스럽게 문제의 형식, 해답방법에

Step 6 일본유학시험에서 고득점을 획득!!

목 차

머리말 ·· **3**

본 책에 대하여 ···································· **4**

제1회 모의시험 ···································· **9**

제2회 모의시험 ···································· **25**

제3회 모의시험 ···································· **43**

제4회 모의시험 ···································· **61**

제5회 모의시험 ···································· **77**

제6회 모의시험 ···································· **95**

제7회 모의시험 ···································· **109**

제8회 모의시험 ···································· **129**

제9회 모의시험 ···································· **147**

제10회 모의시험 ·································· **167**

해 답 ·· **187**

부 록 ·· **199**

    생물용어집   **200**
    이과해답용지   **233**
    자기분석시트   **234**
    학습달성표   **235**

第①回 模擬試験

解答時間：40分

1

問1　次の図1は，接眼レンズの所定の位置に接眼ミクロメーターを装着した状態で，ステージに対物ミクロメーター（1目盛り 0.01 mm）をセットし，対物レンズ40倍，接眼レンズ15倍の組み合わせでピントを合わせたときの様子である。

この接眼ミクロメーターを用いて，ある細胞（cell）を対物レンズ40倍，接眼レンズ15倍の組み合わせで観察すると，図2のように見えた。この細胞の幅（短辺）の長さとして最も近いものを，下の①～⑧の中から一つ選びなさい。　1

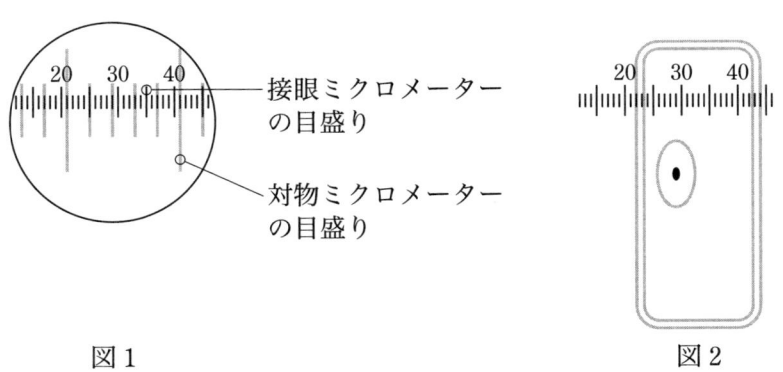

図1　　　　　　　　　　図2

① 2.5 μm　　② 5.5 μm　　③ 8.8 μm　　④ 25 μm

⑤ 55 μm　　⑥ 88 μm　　⑦ 550 μm　　⑧ 880 μm

問 2 次の文は，細胞（cell）での呼吸（respiration）について説明したものである。文中の空欄 a ～ c にあてはまる語句の組み合わせとして正しいものを，下の①～⑥の中から一つ選びなさい。 2

呼吸は大きく分けると，3つの過程からなる。 a は，細胞質基質で行われる。 b は，ミトコンドリア（mitochondria）のマトリックスで行われ，ピルビン酸を二酸化炭素（carbon dioxide）にまで分解する。 c は，ミトコンドリアの内膜で行われ，水（water）が生じる。

	a	b	c
①	電子伝達系	解糖系	クエン酸回路
②	電子伝達系	クエン酸回路	解糖系
③	解糖系	クエン酸回路	電子伝達系
④	解糖系	電子伝達系	クエン酸回路
⑤	クエン酸回路	解糖系	電子伝達系
⑥	クエン酸回路	電子伝達系	解糖系

問 3 緑色植物の光合成（photosynthesis）について述べた文 a ～ c のうち，正しいものの組み合わせを下の①～⑥の中から一つ選びなさい。 3

a 光化学系Ⅰでは，NADH が生じる。
b 光化学系Ⅱでは，水（water）が分解される。
c カルビン・ベンソン回路は，ストロマで行われる。

① a ② b ③ c
④ a，b ⑤ a，c ⑥ b，c

問4　遺伝物質であるDNAについて述べた文として正しいものを，次の①〜⑤の中から一つ選びなさい。　4

① DNAを構成するヌクレオチド（nucleotide）は，デオキシリボースにリン酸とアデニン，グアニン，チミン，ウラシルのいずれかの塩基が結合している。

② DNAの2本のヌクレオチド鎖は，互いに逆向きに平行に並んで，塩基どうしが水素結合で弱く結合している。

③ 2本のDNAがヒストンに巻き付くことで，二重らせん構造をとっている。

④ DNA複製において，らせんが開かれていく方向とDNAポリメラーゼ（DNA polymerase）がヌクレオチド鎖を合成する方向が同じ場合，その合成されるヌクレオチド鎖をラギング鎖という。

⑤ DNA複製において，リーディング鎖で断続的に複製される短いヌクレオチド鎖を岡崎フラグメントという。

問5 ある動物（2n = 4）において，生殖細胞が形成されるときに起こる減数分裂（meiosis）について述べた文と図の組み合わせとして正しいものを，次の①〜⑤の中から一つ選びなさい。なお，各期において細胞（cell）は1つだけ描いている。　　5

① 第一分裂前期：染色体（chromosome）が現れ，相同染色体が対合する。

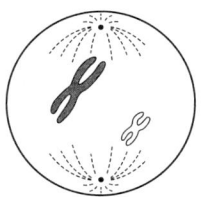

② 第一分裂中期：二価染色体が赤道面に並ぶ。

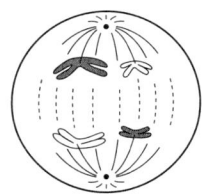

③ 第一分裂後期：染色体は縦裂面で分離し，それぞれ両極に移動する。

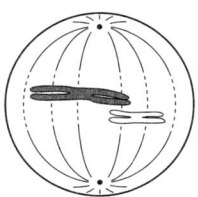

④ 第二分裂後期：二価染色体が対合面から分離し，それぞれ両極に移動する。

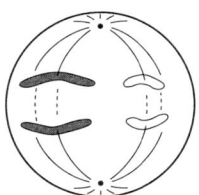

⑤ 第二分裂終期：核膜ができ，細胞質分裂が起こる。

問6 次の文は，動物の精子（sperm）形成について説明したものである。文中の空欄 a ～ d にあてはまる語句や数値の組み合わせとして正しいものを，下の①～⑧の中から一つ選びなさい。 6

動物の精巣では，始原生殖細胞が精原細胞になる。精原細胞は a を繰り返し，個体の成長に伴って，一部が一次精母細胞になる。1個の一次精母細胞は， b の後に c 個の精細胞となり，これらが変態（metamorphosis）の後， d 個の精子となる。

	a	b	c	d
①	体細胞分裂	減数分裂（meiosis）	2	1
②	体細胞分裂	減数分裂	2	2
③	体細胞分裂	減数分裂	4	2
④	体細胞分裂	減数分裂	4	4
⑤	減数分裂	体細胞分裂	2	1
⑥	減数分裂	体細胞分裂	2	2
⑦	減数分裂	体細胞分裂	4	2
⑧	減数分裂	体細胞分裂	4	4

問7 イモリ（newt）の初期原腸胚から原口背唇部を切り出し，別種のイモリの初期原腸胚の腹側に移植したところ，二次胚が生じた。次の図は，二次胚が生じた尾芽胚期の横断面を示している。この実験について述べた文 a 〜 c のうち，正しいものの組み合わせを下の①〜⑥の中から一つ選びなさい。 7

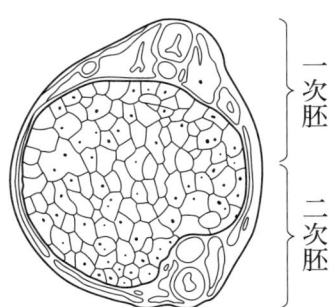

一次胚
二次胚

a 2種類のイモリの胚（embryo）を用いるのは，分化（differentiation）した組織がどちらの胚に由来するかを細胞の色の違いによって区別するためである。

b フォークトらは，この実験から，原口背唇部のような働きをもつ領域を形成体（オーガナイザー）と呼んだ。

c 二次胚では，神経管の一部，体節の一部が移植片から生じ，脊索と神経管の残り，腸管などが宿主の細胞から分化した。

① a   ② b   ③ c
④ a，b   ⑤ a，c   ⑥ b，c

問8 次の図は，カキノキ（*Diospyros kaki*）とインゲンマメ（*Phaseolus vulgaris*）の種子（seed）の断面を示したものである。図中の**A〜D**の名称の正しい組み合わせを，下の①〜⑥の中から一つ選びなさい。　8

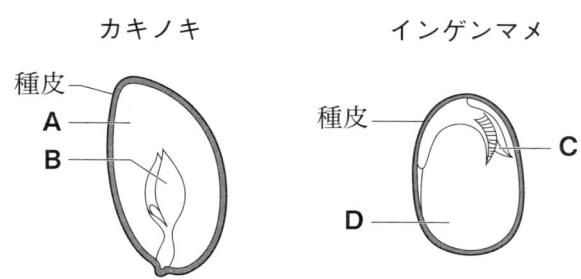

	A	B	C	D
①	胚乳	子葉	子葉	胚乳
②	胚乳	子葉	幼芽	子葉
③	胚乳	幼芽	子葉	胚乳
④	子葉	幼芽	子葉	胚乳
⑤	子葉	幼芽	幼芽	子葉
⑥	子葉	幼芽	幼芽	胚乳

問9　次の文は，ヒトの体液について述べたものである。文中の空欄　a　〜　d　にあてはまる語句や数値の組み合わせとして正しいものを，下の①〜⑧の中から一つ選びなさい。　9

　ヒトの体液は，血液（blood），血しょうが毛細血管からしみ出た　a　，　a　の一部がリンパ管に入ったリンパ液に分けられる。血液は，有形成分である赤血球（erythrocyte），白血球（leukocyte），血小板（platelet）と液体成分である血しょうからなり，有形成分はそれぞれ血液中に，赤血球は　b　個／mm³，白血球は　c　個／mm³，血小板は　d　個／mm³の割合で含まれている。

	a	b	c	d
①	細胞液	20万〜40万	4000〜9000	400万〜500万
②	細胞液	20万〜40万	400万〜500万	4000〜9000
③	細胞液	400万〜500万	4000〜9000	20万〜40万
④	細胞液	400万〜500万	20万〜40万	4000〜9000
⑤	組織液	20万〜40万	4000〜9000	400万〜500万
⑥	組織液	20万〜40万	400万〜500万	4000〜9000
⑦	組織液	400万〜500万	4000〜9000	20万〜40万
⑧	組織液	400万〜500万	20万〜40万	4000〜9000

問10　自律神経系（autonomic nervous system）について述べた文として正しいものを，次の①〜⑤の中から一つ選びなさい。　10

① 交感神経は，脊髄（spinal cord）から出ている。
② 副交感神経は，間脳から出ている。
③ 交感神経末端からはアドレナリンが，副交感神経末端からはアセチルコリンが分泌される。
④ 交感神経と副交感神経とは拮抗的に働くため，必ず両方が同じ器官や組織に分布し，作用する。
⑤ 交感神経は，瞳孔を拡大させ，胃腸のぜん動を促進するように働く。

問11 次の図は，ホルモン（hormone）の作用機構を模式的に示したものである。図のA，Bの名称と，Bの例の正しい組み合わせを下の①〜⑧の中から一つ選びなさい。|11|

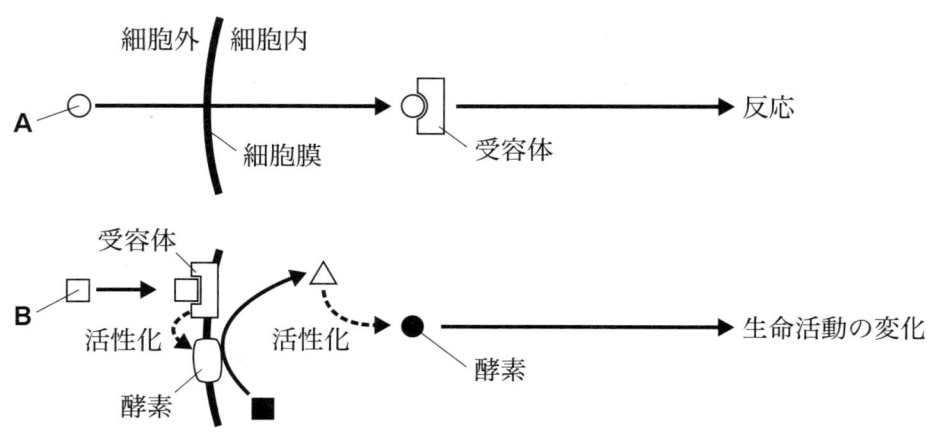

	A	B	Bの例
①	ペプチドホルモン（親水性ホルモン）	ステロイドホルモン（疎水性ホルモン）	インスリン
②	ペプチドホルモン（疎水性ホルモン）	ステロイドホルモン（親水性ホルモン）	インスリン
③	ペプチドホルモン（親水性ホルモン）	ステロイドホルモン（疎水性ホルモン）	糖質コルチコイド
④	ペプチドホルモン（疎水性ホルモン）	ステロイドホルモン（親水性ホルモン）	糖質コルチコイド
⑤	ステロイドホルモン（親水性ホルモン）	ペプチドホルモン（疎水性ホルモン）	インスリン
⑥	ステロイドホルモン（疎水性ホルモン）	ペプチドホルモン（親水性ホルモン）	インスリン
⑦	ステロイドホルモン（親水性ホルモン）	ペプチドホルモン（疎水性ホルモン）	糖質コルチコイド
⑧	ステロイドホルモン（疎水性ホルモン）	ペプチドホルモン（親水性ホルモン）	糖質コルチコイド

問12 体液性免疫について述べた文a〜cのうち，正しいものの組み合わせを下の①〜⑥の中から一つ選びなさい。 12

a ヒトの血液型の判定において見られる凝集は，体液性免疫における抗原抗体反応によるものである。

b 抗体（antibody）はH鎖，L鎖の2種類のポリペプチド（polypeptide）鎖が2本ずつ結合し，Y字形になっている。H鎖とL鎖の先端には可変部があり，この構造は抗体ごとに異なっている。

c 血しょう中のフィブリノーゲンの反応による血液凝固は，抗原抗体反応によるものである。

① a ② b ③ c
④ a，b ⑤ a，c ⑥ b，c

問13 次の図は，神経繊維に刺激を与えたときの膜電位の様子を表したものである。この図に関する文として**誤っているもの**を，下の①〜⑤の中から一つ選びなさい。　13

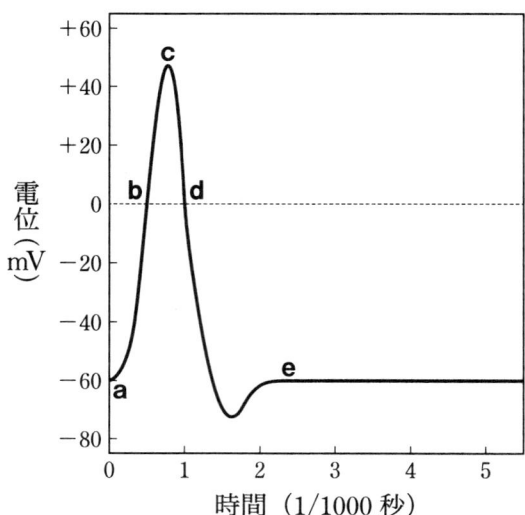

① aは，ナトリウムポンプによりナトリウムイオン（Na^+）が細胞外に排出され，カリウムイオン（K^+）が細胞内に取り込まれている。また，一部のカリウムチャネルによりK^+が細胞外に漏れ出している状態である。

② bは，刺激を受けたことでナトリウムチャネルが開き，Na^+が細胞外から細胞内に流入した状態である。

③ cは，ナトリウムチャネルが閉じた状態である。

④ dは，aとは別のカリウムチャネルが開き，K^+が細胞外から細胞内に取り込まれた状態である。

⑤ eは，ナトリウムポンプによりNa^+が細胞外に排出され，K^+が細胞内に取り込まれ，イオンの分布がもとに戻った状態である。

問14 次の文は，ヒトの耳における音の受容について述べたものである。文中の空欄 a ～ d にあてはまる語句の組み合わせとして正しいものを，下の①～⑧の中から一つ選びなさい。14

音は空気の振動として伝わり，鼓膜を振動させる。この振動は，耳小骨で増幅され，うずまき管内のリンパ液に伝えられる。うずまき管内の基底膜は，先端（うずまき管の奥側）ほど a なっており，先端側は b により振動し，基部側（鼓膜側）は c により振動する。基底膜の振動により聴細胞が興奮し，この興奮が聴神経によって d に伝えられ，聴覚（hearing）が生じる。

	a	b	c	d
①	広く	高音	低音	大脳
②	広く	高音	低音	脊髄(spinal cord)
③	広く	低音	高音	大脳
④	広く	低音	高音	脊髄
⑤	狭く	高音	低音	大脳
⑥	狭く	高音	低音	脊髄
⑦	狭く	低音	高音	大脳
⑧	狭く	低音	高音	脊髄

問15 動物にとって，群れ（group）をつくることには利益もあれば不利益もある。群れでいることで他個体との争いが生じる一方，天敵に関しては，群れの1個体でも天敵の来襲に気づくことができれば助かる可能性が高まる。

次の図は，ある海鳥における，群れの大きさとさまざまな活動にかける時間の関係を示したグラフである。

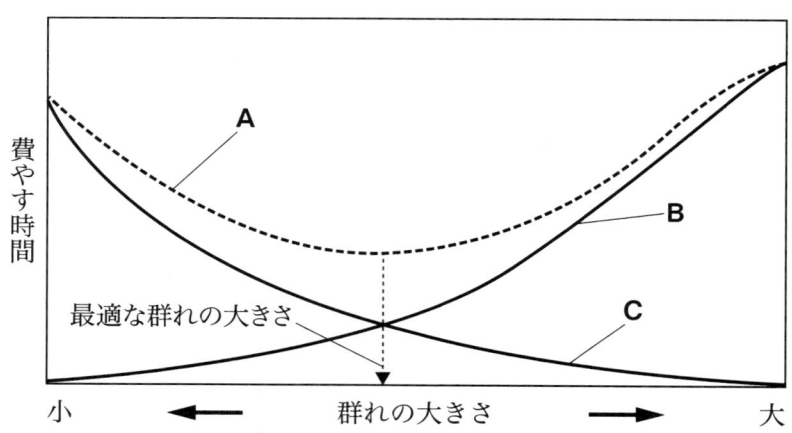

(1) 図中のA～Cのグラフが表しているものの組み合わせとして正しいものを，次の①～⑥の中から一つ選びなさい。　15

	A	B	C
①	見張りにかかる時間	群内での争いにかかる時間	採餌にかかる時間
②	見張りにかかる時間	採餌にかかる時間	争いにかかる時間
③	群内での争いにかかる時間	採餌にかかる時間	見張りにかかる時間
④	群内での争いにかかる時間	見張りにかかる時間	採餌以外に費やす総時間
⑤	採食以外に費やす総時間	見張りにかかる時間	争いにかかる時間
⑥	採食以外に費やす総時間	群内での争いにかかる時間	見張りにかかる時間

(2) この群れ（group）において，天敵が減った場合，最適な群れの大きさの変化と，そうなる理由の組み合わせとして正しいものを，次の①～⑥の中から一つ選びなさい。

16

	群れの大きさ	理由
①	変わらない	見張りにかかる時間は短くなるが，争いにかかる時間は長くなるため。
②	変わらない	見張りにかかる時間，争いにかかる時間がともに短くなるため。
③	大きくなる	見張りにかかる時間が短くなることで，見張りにかかる時間のグラフが右に移動するため。
④	大きくなる	見張りにかかる時間が短くなることで，見張りにかかる時間のグラフが左に移動するため。
⑤	小さくなる	見張りにかかる時間が短くなることで，見張りにかかる時間のグラフが右に移動するため。
⑥	小さくなる	見張りにかかる時間が短くなることで，見張りにかかる時間のグラフが左に移動するため。

問16 ある生物の集団において，一組の対立遺伝子（A，a）に着目すると，Aの遺伝子頻度は0.4であることがわかっている。Aはaに対して優性であり，この集団では<u>ハーディ・ワインベルグの法則</u>が成り立つとする。

(1) 下線部について，ハーディ・ワインベルグの法則が成り立つための条件として**誤っているもの**を，次の①～⑤の中から一つ選びなさい。 17

① 集団がある程度大きく，十分な個体数からなり，遺伝的浮動（genetic drift）の影響を無視できること。
② すべての個体が自由に交配すること。
③ 集団への個体の移入や集団からの個体の移出が自由に行われること。
④ 集団内では突然変異（mutation）が起こらないこと。
⑤ 個体間で注目する形質において生存力や繁殖力に差がなく，自然選択（natural selection）が働かないこと。

(2) この集団におけるヘテロ接合体の割合として最も近いものを，次の①～⑧の中から一つ選びなさい。 18

① 0.16　　② 0.24　　③ 0.36　　④ 0.48
⑤ 0.52　　⑥ 0.64　　⑦ 0.76　　⑧ 0.84

第 ② 回 模擬試験

解答時間：40分

問1 次の文は，細胞（cell）を構成する構造とその成分について説明したものである。文中の空欄 a ～ c にあてはまる語句の組み合わせとして正しいものを，下の①～⑧の中から一つ選びなさい。 1

真核生物の細胞は，タンパク質（protein）と a からなる細胞膜（cell membrane）に包まれ，細胞内にはさまざまな構造が含まれている。このうち，生体膜をもたない構造としてリボソーム（ribosome）と中心体がある。リボソームはタンパク質と b からなり，タンパク質合成にかかわっている。中心体は主に動物細胞にみられ， c というタンパク質からなる微小管の形成の起点となる。

	a	b	c
①	セルロース	RNA	アクチン
②	セルロース	RNA	チューブリン
③	セルロース	DNA	アクチン
④	セルロース	DNA	チューブリン
⑤	リン脂質	RNA	アクチン
⑥	リン脂質	RNA	チューブリン
⑦	リン脂質	DNA	アクチン
⑧	リン脂質	DNA	チューブリン

問2 呼吸（respiration）によってグルコース（glucose）が分解される過程は，以下の3段階に分けられる。反応式中の空欄 a ～ d にあてはまる数値の組み合わせとして正しいものを，下の①～⑧の中から一つ選びなさい。 $\boxed{2}$

反応式1　$C_6H_{12}O_6 +$ [a] NAD^+
　　　　　$\rightarrow 2C_3H_4C_3 +$ [a] $NADH +$ [a] $H^+ + 2ATP$

反応式2　$2C_3H_4O_3 + 6H_2O +$ [b] $NAD^+ +$ [c] FAD
　　　　　$\rightarrow 6CO_2 +$ [b] $NADH +$ [b] $H^+ +$ [c] $FADH_2 + 2ATP$

反応式3　$10NADH + 10H^+ +$ [c] $FADH_2 + 6O_2$
　　　　　$\rightarrow 12H_2O + 10NAD^+ +$ [c] $FAD +$ 最大 [d] ATP

	a	b	c	d
①	2	8	2	34
②	2	8	2	38
③	2	8	4	34
④	2	8	4	38
⑤	1	9	2	34
⑥	1	9	2	38
⑦	1	9	4	34
⑧	1	9	4	38

問3 カルビン・ベンソン回路について述べた文 **a〜c** のうち，正しいものの組み合わせを下の①〜⑥の中から一つ選びなさい。　　　3

a 取り込まれた CO_2 は，C_5 化合物であるリブロースビスリン酸（RuBP）と結合し，C_6 化合物であるホスホグリセリン酸（PGA）になる。

b カルビン・ベンソン回路で生じた NADPH は，この後の電子伝達系における ATP 合成に用いられる。

c カルビン・ベンソン回路は，光が直接関係しない反応段階である。

① a　　　　　　　② b　　　　　　　③ c
④ a，b　　　　　　⑤ a，c　　　　　　⑥ b，c

① 1種類

問5 2つの対立遺伝子Aとa，Bとbについて，AABB［AB］とaabb［ab］を親（P）として交配すると，雑種第一代（F_1）は，AaBb［AB］となる。このF_1どうしの交配で得た雑種第二代（F_2）の表現型の分離比として正しいものを，次の①〜⑥の中から一つ選びなさい。ただし，［ ］は表現型を表すものとする。　5

① A（a）とB（b）が連鎖（linkage）しているが組換え（recombination）が生じない場合，［AB］：［Ab］：［aB］：［ab］＝0：1：1：0となる。

② A（a）とB（b）が連鎖しているが組換えが生じない場合，［AB］：［Ab］：［aB］：［ab］＝1：0：0：1となる。

③ A（a）とB（b）が連鎖していて組換えが生じる場合，［AB］：［Ab］：［aB］：［ab］＝3：0：0：1となることがある。

④ A（a）とB（b）が連鎖していて組換えが生じる場合，［AB］：［Ab］：［aB］：［ab］＝0：1：0：1となることがある。

⑤ A（a）とB（b）が互いに独立である場合，［AB］：［Ab］：［aB］：［ab］＝9：3：3：1となる。

⑥ A（a）とB（b）が互いに独立である場合，［AB］：［Ab］：［aB］：［ab］＝3：0：0：1となる。

問6 ウニ（sea urchin）とカエル（frog）の初期発生（early development）について述べた文a～cのうち，正しいものの組み合わせを下の①～⑥の中から一つ選びなさい。 6

　a　原腸胚期のあと，ウニは神経胚期を経て幼生になり，カエルは神経胚期，尾芽胚期を経て幼生になる。
　b　ウニは胞胚期にふ化し，カエルは尾芽胚期にふ化する。
　c　ウニでは原口が口になり，カエルでは原口が肛門になる。

① a　　　　　　　② b　　　　　　　③ c
④ a，b　　　　　　⑤ a，c　　　　　　⑥ b，c

問7 次の図は，イモリ（newt）の眼の形成過程を示している。この図に関する文として**誤っているもの**を，下の①～④の中から一つ選びなさい。 7

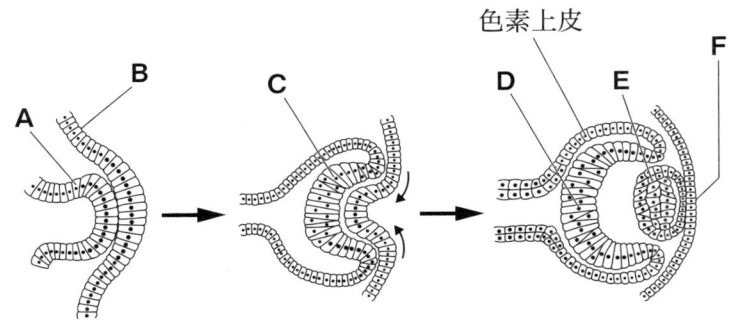

① CはBからEを誘導（induction）する。
② Cは分化（differentiation）してDになる。
③ BはAからCを誘導する。
④ Eは，BからFを誘導する。

問8　下の表は，被子植物のトレニア（*Torenia*）を用いて花粉管がどの細胞（cell）に誘引されるのかを調べた結果である。この実験結果について述べた文として正しいものを，下の①〜⑤の中から一つ選びなさい。なお，細胞の破壊は，レーザーを用いて行い，他の細胞には影響を与えないものとする。

各細胞の存在				誘引頻度（％）
卵細胞	中央細胞	助細胞		
＋	＋	＋	＋	98％
－	＋	＋	＋	94％
＋	－	＋	＋	100％
＋	＋	－	＋	71％
－	－	＋	＋	93％
－	＋	－	＋	61％
＋	－	－	＋	71％
＋	＋	－	－	0％

＋は胚のう中に存在することを，－は破壊されたことを意味する。

① 花粉管は，卵細胞が中央細胞とともに存在する場合には誘引されるが，中央細胞が存在しない場合には誘引されない。

② 花粉管は，中央細胞が卵細胞とともに存在する場合に誘引されるが，卵細胞が存在しない場合には誘引されない。

③ 花粉管は，助細胞が2個の場合には誘引されるが，助細胞が1個の場合で中央細胞が存在するときには誘引されない。

④ 花粉管は，助細胞が1個でも存在すると誘引されるが，2個とも存在しない場合には誘引されない。

⑤ 助細胞の存在下で，花粉管を誘引する効果は，中央細胞の存在の有無によって大きく影響を受ける。

問 9 次の図は、ヒトのヘモグロビンの酸素解離曲線である。肺胞にあった血液（blood）が組織に移動したとき、全ヘモグロビンのうちで酸素（oxygen）を解離するヘモグロビンの割合（％）として最も近いものを、下の①〜⑥の中から一つ選びなさい。ただし、肺胞での酸素分圧は 100 mmHg、二酸化炭素（carbon dioxide）分圧は 40 mmHg、組織での酸素分圧は 30 mmHg、二酸化炭素分圧は 70 mmHg とする。

[9]

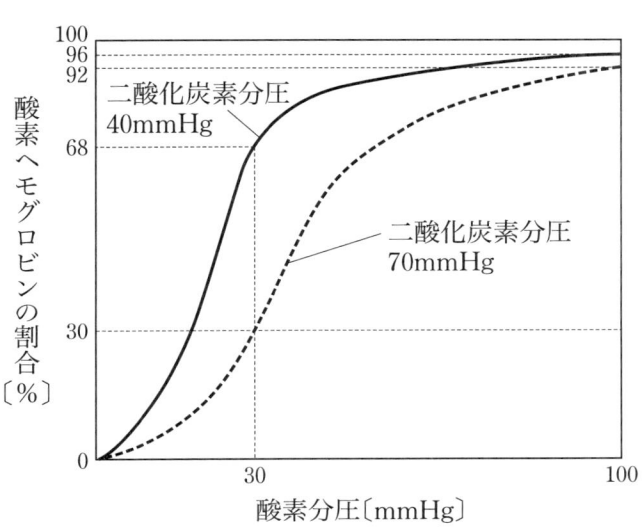

① 4％　　　　② 6％　　　　③ 28％
④ 62％　　　 ⑤ 66％　　　 ⑥ 92％

問10 内分泌腺とその内分泌腺が分泌するホルモン（hormone），そのホルモンの作用の正しい組み合わせを，次の①〜⑥の中から一つ選びなさい。 [10]

	内分泌腺	ホルモン	作用
①	脳下垂体前葉	甲状腺刺激ホルモン	チロキシンの分泌促進
②	脳下垂体前葉	バソプレシン	腎臓での水分の再吸収を促進
③	脳下垂体後葉	副腎皮質刺激ホルモン	鉱質コルチコイドの分泌促進
④	副甲状腺	パラトルモン	血中カリウムイオン濃度の上昇
⑤	副腎髄質	ノルアドレナリン	血糖量の増加
⑥	すい臓 ランゲルハンス島 A細胞	インスリン（insulin）	血糖量の減少

問11 ヒトの体温調節に関して述べた文として正しいものを，次の①～⑤の中から一つ選びなさい。 11

① 寒冷刺激を受けると，間脳視床下部が感知し，交感神経を経て心臓の拍動が促進される。
② 寒冷刺激を受けると，間脳視床下部が感知し，交感神経を経て体表の血管が拡張される。
③ 寒冷刺激を受けると，副腎皮質が感知し，アドレナリンを分泌する。
④ 温熱刺激を受けると，間脳視床下部が感知し，交感神経を経て心臓の拍動が抑制される。
⑤ 温熱刺激を受けると，副腎髄質が感知し，アドレナリンを分泌し，代謝が促進される。

問12 後天性免疫不全症候群（エイズ，AIDS）について述べた文 a～c のうち，正しいものの組み合わせを下の①～⑥の中から一つ選びなさい。 12

a エイズ患者は，通常では感染しないような弱い病原体でも発病してしまい，これを自己免疫疾患という。
b エイズでは，原因ウイルスがヘルパーT細胞に感染して破壊することで，獲得免疫（適応免疫）が機能しなくなる。
c エイズの原因ウイルスは，レトロウイルスの一種であるヒト免疫不全ウイルス（HIV）である。

① a　　　　　　② b　　　　　　③ c
④ a，b　　　　⑤ a，c　　　　⑥ b，c

問13 次の図は，ヒトの受容器を示したものである。図のA～Dの受容器が受け取る適刺激の正しい組み合わせを，下の①～⑧の中から一つ選びなさい。 13

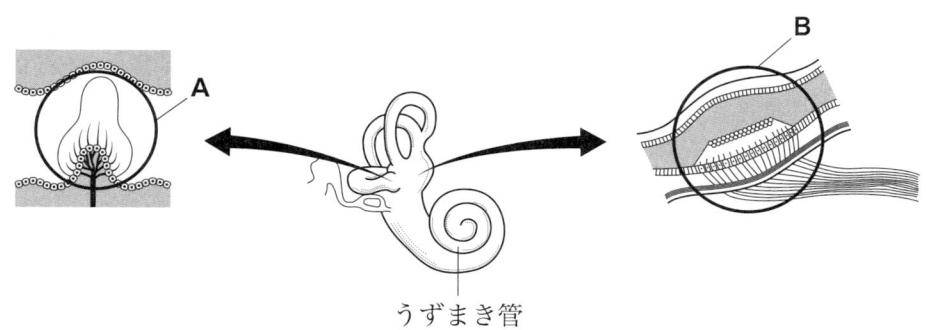

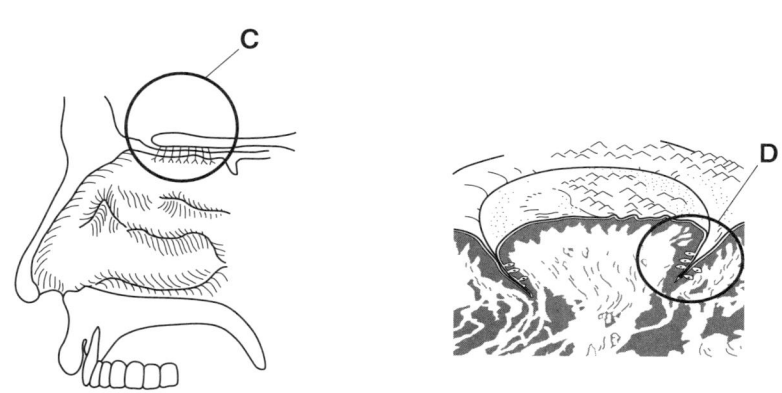

	A	B	C	D
①	体の回転	体の傾き	光	液体中の化学物質
②	体の回転	体の傾き	気体中の化学物質	液体中の化学物質
③	体の回転	体の傾き	光	気体中の化学物質
④	体の回転	体の傾き	液体中の化学物質	気体中の化学物質
⑤	体の傾き	体の回転	光	液体中の化学物質
⑥	体の傾き	体の回転	気体中の化学物質	液体中の化学物質
⑦	体の傾き	体の回転	光	気体中の化学物質
⑧	体の傾き	体の回転	液体中の化学物質	気体中の化学物質

問14 次の文は，筋収縮開始のしくみについて説明したものである。文中の空欄 a ～ e にあてはまる語句の組み合わせとして正しいものを，下の①～⑧の中から一つ選びなさい。 14

筋収縮は，筋小胞体から放出された a が b と結合することで， c フィラメントの d 結合部位を覆っていた e が外れ， d 頭部が c フィラメントに結合することで始まる。

	a	b	c	d	e
①	K^+	トロポミオシン	ミオシン	アクチン	トロポニン
②	K^+	トロポミオシン	アクチン	ミオシン	トロポニン
③	K^+	トロポニン	ミオシン	アクチン	トロポミオシン
④	K^+	トロポニン	アクチン	ミオシン	トロポミオシン
⑤	Ca^{2+}	トロポミオシン	ミオシン	アクチン	トロポニン
⑥	Ca^{2+}	トロポミオシン	アクチン	ミオシン	トロポニン
⑦	Ca^{2+}	トロポニン	ミオシン	アクチン	トロポミオシン
⑧	Ca^{2+}	トロポニン	アクチン	ミオシン	トロポミオシン

問15 次の図は，2種類の植物（A，B）における明暗周期と花芽形成の関係を示したものである。この図に関して述べた文として正しいものを，下の①～⑥の中から一つ選びなさい。ただし，○は花芽形成したことを，×は花芽形成しなかったことを表している。

15

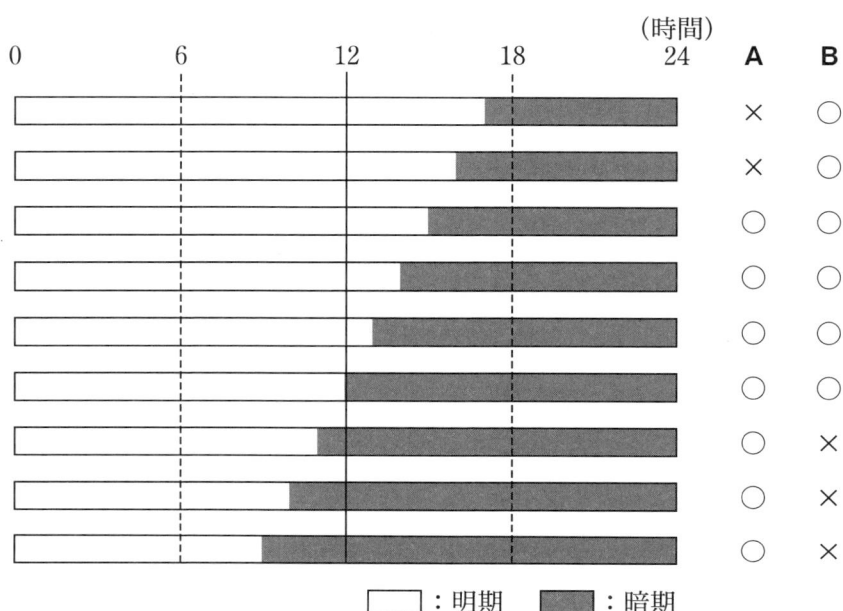

① Aは，連続した明期が15～16時間で花芽形成する長日植物である。
② Aは，連続した明期が15～16時間で花芽形成する短日植物である。
③ Aは，連続した暗期が8～9時間で花芽形成する長日植物である。
④ Bは，連続した明期が11～12時間で花芽形成する長日植物である。
⑤ Bは，連続した暗期が12～13時間で花芽形成する長日植物である。
⑥ Bは，連続した暗期が12～13時間で花芽形成する短日植物である。

問16 次の表は，ある湖におけるエネルギー収支を示したものである。この表に関して述べた文として正しいものを，下の①～⑤の中から一つ選びなさい。 16

	太陽エネルギー（入射光のエネルギー）	生産者	一次消費者	二次消費者
同化量（総生産量）	497360	465.7	61.9	13.0
呼吸量	−	97.9	18.4	7.5
被食量	−		13.8	0.0
死亡・枯死量	−	9.7	1.3	0.0
成長量	−	294.1		5.5
不消化排出量	−	−	2.1	0.8
エネルギー効率（energy efficiency）（%）		9.36×10^{-2}		

数値の単位は（J/(cm²・年)）

① 生産者の純生産量は，456.0 J/(cm²・年)である。
② 生産者の被食量は，61.9 J/(cm²・年)である。
③ 一次消費者の成長量は，28.4 J/(cm²・年)である。
④ 一次消費者のエネルギー効率は，21.0 ％である。
⑤ 二次消費者のエネルギー効率は，19.4 ％である。

問17 次の表は，脊椎動物における，ある共通するタンパク質 (protein) のアミノ酸 (amino acid) の違いの数を表し，下図はこの表をもとに描いた分子系統樹 (phylogenetic tree) である。

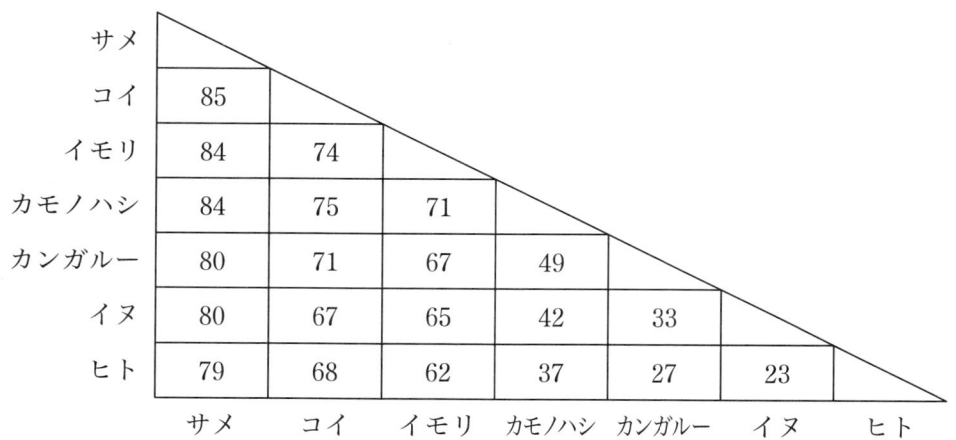

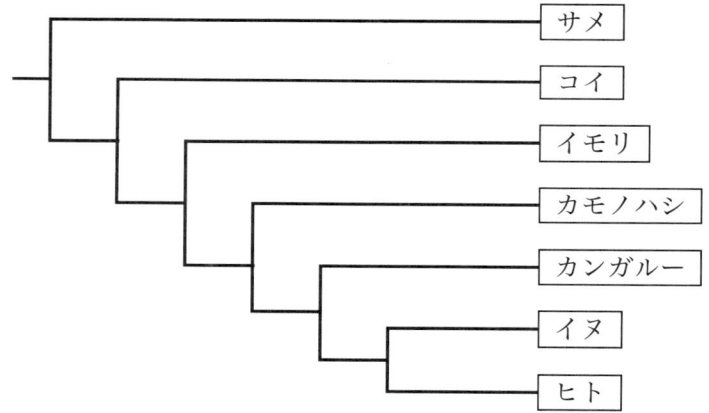

(1) 次の文は，この表と図について説明したものである。文中の空欄 a ～ c にあてはまる語句の組み合わせとして正しいものを，下の①～⑧の中から一つ選びなさい。 **17**

脊椎動物の進化（evolution）の過程において，このタンパク質ではアミノ酸の置換が累積していったと考えられる。このようなアミノ酸の置換は一定の速さで進むと考えられることから， a 時計として用いることができる。そして，このような変化を a 進化という。 a 進化には，突然変異（mutation）が時間とともに一定の確率で生じる場合，有利でも不利でもない変化に対しては自然選択（natural selection）が働かないため， b によって集団内に広がりやすいという傾向がある。これを c という。

	a	b	c
①	原子	遺伝的浮動（genetic drift）	突然変異説
②	原子	遺伝的浮動	中立説
③	原子	遺伝子平衡	突然変異説
④	原子	遺伝子平衡	中立説
⑤	分子	遺伝的浮動	突然変異説
⑥	分子	遺伝的浮動	中立説
⑦	分子	遺伝子平衡	突然変異説
⑧	分子	遺伝子平衡	中立説

(2) ヒトとコイの共通祖先種からコイの祖先種が分岐したのが今から約4億年前とすると，ヒトとイヌの共通祖先種からイヌの祖先種とヒトの祖先種とが分岐したのは，今から約何億年前になるか。正しいものを，次の①～⑤の中から一つ選びなさい。**18**

① 約0.14億年前　　② 約0.28億年前　　③ 約1.4億年前
④ 約2.8億年前　　⑤ 約14億年前

第 ③ 回 模擬試験

解答時間：40分

問1 次の文は，あるタンパク質（protein）Xについて説明したものである。Xの正しい名称と細胞内での働きの組み合わせとして正しいものを，下の①〜⑥の中から一つ選びなさい。　1

Xは球状のタンパク質で，真核細胞においてXが図のように管状に並ぶ構造を観察することができる。管の直径は約 25 nm である。

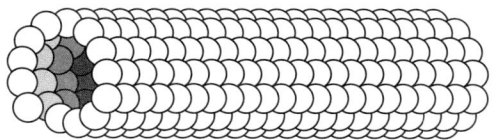

	名称	細胞内での働き
①	チューブリン	モータータンパク質であるダイニンとキネシンのレールとして機能する。
②	チューブリン	モータータンパク質としてダイニンやキネシンの上を移動する。
③	アクアポリン	細胞膜で水分子を通すポンプの一種である。
④	アクアポリン	細胞膜で水分子を通すチャネルの一種である。
⑤	アクチン	モータータンパク質であるミオシンのレールとして機能する。
⑥	アクチン	モータータンパク質としてミオシンの上を移動する。

問2 次の文は，呼吸（respiration）の電子伝達系について説明したものである。文中の空欄 a ～ c にあてはまる語句の組み合わせとして正しいものを，下の①～⑧の中から一つ選びなさい。 2

呼吸の電子伝達系において， a 型補酵素であるNADHとFADH$_2$によってミトコンドリア（mitochondria）内膜に運ばれた水素は，水素イオン（H$^+$）と電子に分かれる。電子は電子伝達系を構成するタンパク質に次々と受け渡され，最後にはO$_2$の b に使われてH$_2$Oを生じる。これはエネルギーを放出する反応で，このエネルギーを用いてミトコンドリアのマトリックス側から膜間腔にH$^+$が運ばれる。その結果，内膜を挟んでH$^+$の濃度勾配が形成される。このH$^+$が膜間腔からマトリックスに流入する際のエネルギーを利用して，ADPのリン酸化が行われ，ATPが合成される。このようなATP生産を c 的リン酸化という。

	a	b	c
①	酸化	酸化	酸化
②	酸化	酸化	還元
③	酸化	還元	酸化
④	酸化	還元	還元
⑤	還元	酸化	酸化
⑥	還元	酸化	還元
⑦	還元	還元	酸化
⑧	還元	還元	還元

問3 窒素同化（nitrogen assimilation）について述べた文**a**～**c**のうち，正しいものの組み合わせを下の①～⑥の中から一つ選びなさい。3

a マメ科植物の根に根粒菌が共生することでつくられる根粒では，根粒菌が無機窒素化合物からアミノ酸（amino acid）などの有機窒素化合物を合成している。

b 植物における窒素同化では，根から吸収したNO_3^-やNH_4^+からさまざまなアミノ酸が合成される。

c 植物における窒素同化では，アミノ酸などからさまざまな種類のタンパク質（protein）や核酸（nucleic acid）などを合成している。

① **a**　　　　　② **b**　　　　　③ **c**
④ **a**, **b**　　⑤ **a**, **c**　　⑥ **b**, **c**

問4 次の文は，大腸菌（*Escherichia coli*）を用いた遺伝子組換えについて説明したものである。文中の空欄 **a** にあてはまる語句と，下線部**b**，**c**が示す酵素（enzyme）の名称の組み合わせとして正しいものを，下の①～⑧の中から一つ選びなさい。4

大腸菌を用いる遺伝子組換えでは，**a** に目的遺伝子を組み込むために，**a** と目的遺伝子とを同じ切り口の<u>「はさみ」</u>**b**で切断し，両者を混ぜ合わせた上で<u>「のり」</u>**c**でつなぎ，これを大腸菌に導入する。

	a	b	c
①	プラスミド	ペプチダーゼ	DNA リガーゼ
②	プラスミド	ペプチダーゼ	DNA ヘリカーゼ
③	プラスミド	制限酵素	DNA リガーゼ
④	プラスミド	制限酵素	DNA ヘリカーゼ
⑤	プライマー	ペプチダーゼ	DNA リガーゼ
⑥	プライマー	ペプチダーゼ	DNA ヘリカーゼ
⑦	プライマー	制限酵素	DNA リガーゼ
⑧	プライマー	制限酵素	DNA ヘリカーゼ

⑥

問6 次の図は，イモリ（newt）の尾芽胚の横断面である。横断面における部位と，その部位から分化（differentiation）する器官や組織について述べた文として正しいものを，下の①〜⑥の中から一つ選びなさい。 6

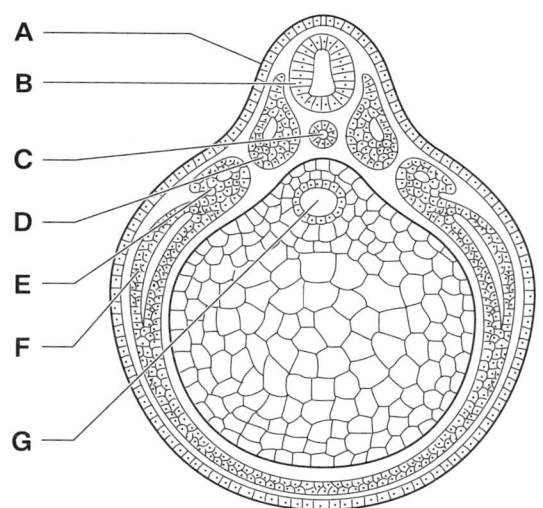

① Aから表皮が，Bから脳（brain）や脊髄（spinal cord）が，Cから感覚器が分化する。
② Bは後に退化，Cから骨格筋と内臓筋が，Dから骨格が分化する。
③ Bから脊椎骨が，Dから脊髄が，Fから血管や血球が分化する。
④ Cから骨格筋が，Dから脊椎骨が，Fから心臓や血管が分化する。
⑤ Dから骨格や骨格筋が，Eから腎臓が，Fから心筋やその他の内臓筋が分化する。
⑥ Eから腎臓が，Fから脊髄が，Gから消化管内壁が分化する。

問7 次の文は，ショウジョウバエ（*Drosophilidae*）の体節構造の形成について説明したものである。文中の空欄 **a** ～ **f** にあてはまる語句の組み合わせとして正しいものを，下の①～⑧の中から一つ選びなさい。 **7**

ショウジョウバエの前後軸は，受精卵に含まれるビコイド遺伝子の **a** とナノス遺伝子の **a** の濃度勾配によって決定され，ビコイド遺伝子の **a** が局在する側が **b** となる。ビコイドタンパク質の働きにより， **c** 遺伝子群が帯状に発現（expression）する。次に， **d** 遺伝子群が発現し，7つの帯状のパターンが形成される。さらに， **e** 遺伝子群が発現し，14個の体節の区分がほぼ決定する。体節の区分に従って， **f** 遺伝子群が働き，体節の形態が決定する。

	a	b	c	d	e	f
①	DNA	前部	ホメオティック	ペアルール	セグメントポラリティ	ギャップ
②	DNA	前部	ホメオティック	セグメントポラリティ	ペアルール	ギャップ
③	DNA	後部	ギャップ	ペアルール	セグメントポラリティ	ホメオティック
④	DNA	後部	ギャップ	セグメントポラリティ	ペアルール	ホメオティック
⑤	mRNA	前部	ギャップ	ペアルール	セグメントポラリティ	ホメオティック
⑥	mRNA	前部	ギャップ	セグメントポラリティ	ペアルール	ホメオティック
⑦	mRNA	後部	ホメオティック	ペアルール	セグメントポラリティ	ギャップ
⑧	mRNA	後部	ホメオティック	セグメントポラリティ	ペアルール	ギャップ

問8 シロイヌナズナ（*Arabidopsis thaliana*）の花は，図1のように，外側から同心円状に，がく片，花弁，おしべ，めしべの順に配置されている。花の形態分化に関与する遺伝子は，A，B，Cの3つのクラスに分けられ，このしくみをABCモデルという（図2）。Aクラスの遺伝子とCクラスの遺伝子には，相互に抑制し合う関係がある。A，B，Cの遺伝子の変異体について述べた文として正しいものを，次の①～⑥の中から一つ選びなさい。 8

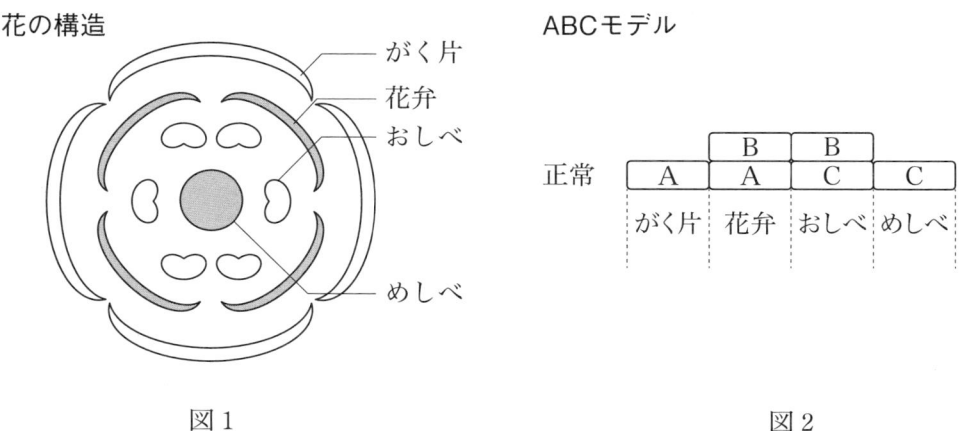

図1　　　　　　　　　　図2

① 遺伝子Aが欠損すると，外側から同心円状に，めしべ，おしべ，おしべ，めしべ，と配置される。

② 遺伝子Bが欠損すると，外側から同心円状に，がく片，がく片，おしべ，おしべ，と配置される。

③ 遺伝子Cが欠損すると，外側から同心円状に，がく片，花弁，がく片，花弁，と配置される。

④ 遺伝子AとBが欠損すると，外側から同心円状に，おしべ，めしべ，めしべ，おしべ，と配置される。

⑤ 遺伝子BとCが欠損すると，外側から同心円状に，花弁，花弁，花弁，花弁，と配置される。

⑥ 遺伝子A，B，Cが欠損すると，すべてがめしべになる。

問 9 次の表は，健康なヒトの血しょう中と尿中におけるさまざまな物質の濃度（mg/mL）を調べたものである。表中の物質について述べた文として正しいものを，下の①～⑤の中から一つ選びなさい。なお，イヌリンは，この実験に際して血液（blood）内に注入したもので，ヒトの体内には含まれず，腎臓（kidney）でろ過されるが再吸収されない物質である。また，1日の尿量を1.5 Lとする。　9

物質	血しょう中（mg/mL）	尿中（mg/mL）
タンパク質（protein）	70	0
Na^+	3.2	3.5
尿素	0.3	20
グルコース（glucose）	1.0	0
イヌリン	0.10	12

① タンパク質は，一旦ろ過された後，すべて再吸収される。
② グルコースは，ほとんどろ過されず，ろ過された分もすべて再吸収される。
③ Na^+の濃縮率は0.91である。
④ 尿素の1日の再吸収量は24 gである。
⑤ Na^+は，ろ過される量よりも多く排出される。

問10 次の図は，内分泌系の中枢を担う部位の模式図である。A〜Dの名称と，E，Fから分泌されるホルモン（hormone）の名称の1例の組み合わせとして正しいものを，次の①〜⑧の中から一つ選びなさい。　10

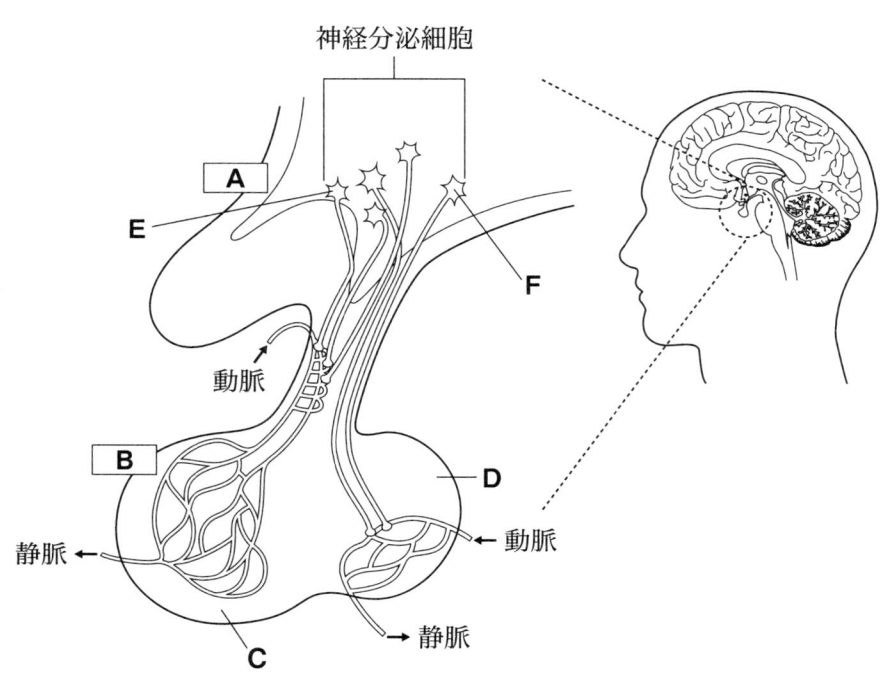

	A	B	C	D	Eからの ホルモンの一例	Fからの ホルモンの一例
①	視床下部	脳下垂体	前葉	後葉	放出ホルモン	バソプレシン
②	視床下部	脳下垂体	前葉	後葉	バソプレシン	放出ホルモン
③	視床下部	脳下垂体	後葉	前葉	放出ホルモン	バソプレシン
④	視床下部	脳下垂体	後葉	前葉	バソプレシン	放出ホルモン
⑤	脳下垂体	視床下部	前葉	後葉	放出ホルモン	バソプレシン
⑥	脳下垂体	視床下部	前葉	後葉	バソプレシン	放出ホルモン
⑦	脳下垂体	視床下部	後葉	前葉	放出ホルモン	バソプレシン
⑧	脳下垂体	視床下部	後葉	前葉	バソプレシン	放出ホルモン

問11 血糖濃度の調節について述べた文として正しいものを，次の①〜⑤の中から一つ選びなさい。　11

① 高血糖時には，交感神経を通してすい臓のランゲルハンス島のB細胞が刺激され，B細胞はインスリン（insulin）を分泌する。

② 高血糖時には，インスリンとともに，副腎皮質から分泌される糖質コルチコイドが働く。

③ 高血糖時に分泌されるインスリンは，グルコース（glucose）からグリコーゲンへの合成を促進し，組織での糖の消費も促進する。

④ 低血糖時には，副交感神経を通してすい臓のランゲルハンス島のA細胞が刺激され，A細胞はグルカゴンを分泌する。

⑤ 低血糖時に分泌されるグルカゴンは，タンパク質（protein）からグルコースへの分解を促進する。

問12 次の文は，免疫（immunity）について説明したものである。文中の空欄 a ～ c にあてはまる語句の組み合わせとして正しいものを，下の①～⑧の中から一つ選びなさい。　12

　免疫反応を応用した技術に， a がある。これは無毒化した病原体やその産物である b をヒトの体に接種することで，弱い一次応答を引き起こし，体に記憶細胞をつくらせておくものである。 a の接種後，実際に病原体に感染したときには，速やかに多量の c を産生する二次応答が起こることで，症状が軽く済む，あるいは発症を抑えることができる。

	a	b	c
①	血清療法	抗血清	抗体（antibody）
②	血清療法	抗血清	抗原（antigen）
③	血清療法	ワクチン（vaccine）	抗体
④	血清療法	ワクチン	抗原
⑤	予防接種（vaccination）	抗血清	抗体
⑥	予防接種	抗血清	抗原
⑦	予防接種	ワクチン	抗体
⑧	予防接種	ワクチン	抗原

問13 次の図は，ヒトの網膜の断面を示したものである。図のAは黄斑周辺に，Bは黄斑に多く分布している。図のA，Bの名称と働き，および光の入ってくる向きの組み合わせとして正しいものを，下の①〜⑧の中から一つ選びなさい。　13

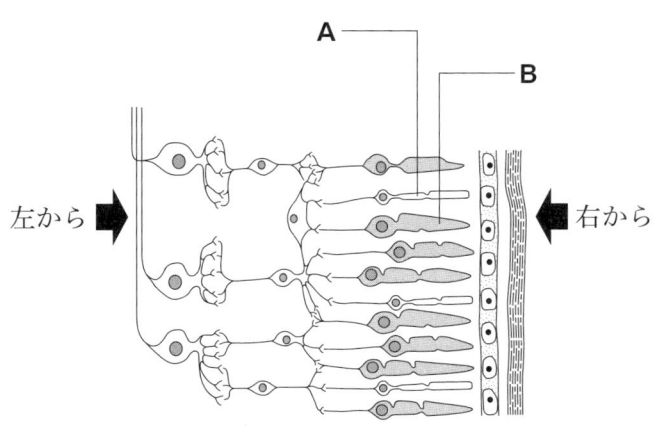

	Aの名称と働き	Bの名称と働き	光の入ってくる向き
①	桿体細胞 強光下で色の違いに反応	錐体細胞 弱光下で明暗に反応	右から
②	桿体細胞 強光下で色の違いに反応	錐体細胞 弱光下で明暗に反応	左から
③	桿体細胞 弱光下で明暗に反応	錐体細胞 強光下で色の違いに反応	右から
④	桿体細胞 弱光下で明暗に反応	錐体細胞 強光下で色の違いに反応	左から
⑤	錐体細胞 強光下で色の違いに反応	桿体細胞 弱光下で明暗に反応	右から
⑥	錐体細胞 強光下で色の違いに反応	桿体細胞 弱光下で明暗に反応	左から
⑦	錐体細胞 弱光下で明暗に反応	桿体細胞 強光下で色の違いに反応	右から
⑧	錐体細胞 弱光下で明暗に反応	桿体細胞 強光下で色の違いに反応	左から

問14 次の文は，アメフラシ（*Aplysiomorpha*）の刺激に対する反応について説明したものである。文中の空欄 a ～ e にあてはまる語句の組み合わせとして正しいものを，下の①～⑧の中から一つ選びなさい。 14

　アメフラシの水管に接触刺激を与えると，えらを引っ込める。これは a である。水管への刺激を繰り返すと，次第にえらを引っ込めなくなる。これを b といい，単純な c である。 b を起こしたアメフラシの尾部に電気刺激を与えると，水管への接触刺激による a が回復する。これを d という。さらに強い電気刺激を与えると，通常では a が生じない程度の弱い刺激を水管に与えても敏感に反応して，えらを引っ込めるようになる。これを e という。

	a	b	c	d	e
①	反射	慣れ	学習 (learning)	鋭敏化	脱慣れ
②	反射	慣れ	学習	脱慣れ	鋭敏化
③	反射	条件刺激	条件反射	鋭敏化	脱慣れ
④	反射	条件刺激	条件反射	脱慣れ	鋭敏化
⑤	走性	慣れ	学習	鋭敏化	脱慣れ
⑥	走性	慣れ	学習	脱慣れ	鋭敏化
⑦	走性	条件刺激	条件反射	鋭敏化	脱慣れ
⑧	走性	条件刺激	条件反射	脱慣れ	鋭敏化

問15 次の図は，植物の茎と根におけるオーキシン（auxin）の動きを示したものである。この図に関して述べた文として正しいものを，下の①～⑥の中から一つ選びなさい。

15

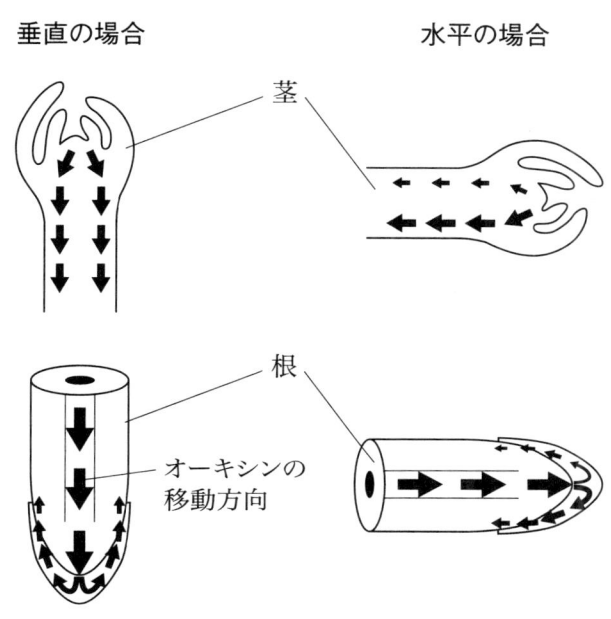

① 茎を水平においた場合，茎の下部の伸長成長が抑制されることで茎の先端は上を向く。
② 茎を水平においた場合，茎の下部の伸長成長が抑制されることで茎の先端は下を向く。
③ 茎を水平においた場合，茎の下部の伸長成長が促進されることで茎の先端は下を向く。
④ 根を水平においた場合，根の下部の伸長成長が促進されることで根の先端は上を向く。
⑤ 根を水平においた場合，根の下部の伸長成長が抑制されることで根の先端は下を向く。
⑥ 根を水平においた場合，根の下部の伸長成長が促進されることで根の先端は下を向く。

問16 次の文は，植物ホルモン（plant hormones）について説明したものである。文中の空欄 a ～ d にあてはまる語句の組み合わせとして正しいものを，下の①～⑧の中から一つ選びなさい。 16

　種子の休眠は a によって維持されるが，発芽（germination）に適した条件がそろうと，胚（embryo）で b が合成され発芽する。成長に際して， b は c と共に働くことで伸長成長を促進する。頂芽優勢は， c が側芽の成長を抑制することで維持されるが，これは側芽の成長を促進する d の合成を c が阻害することによる。

	a	b	c	d
①	エチレン(ethylene)	オーキシン(auxin)	ジベレリン(gibberellin)	アブシシン酸(abscisic acid)
②	エチレン	オーキシン	ジベレリン	サイトカイニン(cytokinin)
③	エチレン	ジベレリン	オーキシン	アブシシン酸
④	エチレン	ジベレリン	オーキシン	サイトカイニン
⑤	アブシシン酸	オーキシン	ジベレリン	エチレン
⑥	アブシシン酸	オーキシン	ジベレリン	サイトカイニン
⑦	アブシシン酸	ジベレリン	オーキシン	エチレン
⑧	アブシシン酸	ジベレリン	オーキシン	サイトカイニン

問17 次の図は，日本のバイオーム（biome）の水平分布と垂直分布（vertical distribution）を示したものである。図のA〜Dに分布するバイオームの組み合わせとして正しいものを，下の①〜⑧の中から一つ選びなさい。 17

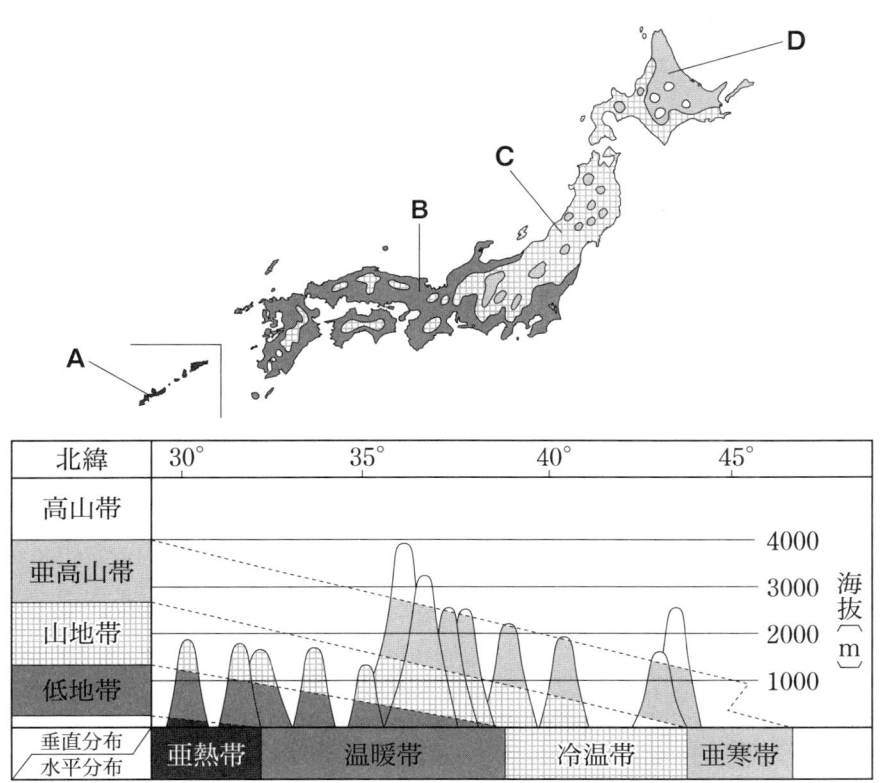

	A	B	C	D
①	夏緑樹林	照葉樹林	亜熱帯多雨林	針葉樹林
②	夏緑樹林	照葉樹林	針葉樹林	亜熱帯多雨林
③	夏緑樹林	亜熱帯多雨林	照葉樹林	針葉樹林
④	夏緑樹林	亜熱帯多雨林	針葉樹林	砂漠
⑤	亜熱帯多雨林	照葉樹林	夏緑樹林	針葉樹林
⑥	亜熱帯多雨林	照葉樹林	夏緑樹林	砂漠
⑦	亜熱帯多雨林	夏緑樹林	照葉樹林	針葉樹林
⑧	亜熱帯多雨林	夏緑樹林	照葉樹林	砂漠

問18 ヒトの誕生と特徴について述べた文として正しいものを，次の①～⑥の中から一つ選びなさい。　18

① 人類だけの特徴として，母指（thumb）対向性がある。
② 人類の脳容積は，1000 cm^3 以上である。
③ 人類の大後頭孔は，頭部の斜め下向きではなく真後ろに開口する。
④ ヒトでは，類人猿と比べて骨盤は横に幅広く，縦に短い。
⑤ ヒトでは類人猿と比べて腕が長く，あし（下肢）が短い。
⑥ ヒトでは，類人猿と比べて眼窩上隆起がよく発達している。

第 ④ 回 模擬試験

解答時間：40分

問1　下の表は，いろいろな生物の細胞について，細胞小器官（organelle）の有無をまとめたものである。＋は存在することを，－は存在しないことを意味する。次の［生物］の細胞は，それぞれ表の **a〜e** のどれにあてはまるか，組み合わせとして正しいものを下の①〜⑧の中から一つ選びなさい。　1

［生物］　大腸菌（*Escherichia coli*），ヒトの赤血球（erythrocyte），ネンジュモ（*Nostoc*），ミドリムシ（*Euglena*），酵母菌（yeasts）

表　各細胞における細胞小器官の有無

	核 (nucleus)	ミトコンドリア (mitochondrion)	葉緑体 (chloroplast)	細胞壁 (cell wall)	リボソーム (ribosome)
a	－	－	－	＋	＋
b	－	－	－	－	＋
c	－	－	＋	＋	＋
d	＋	＋	＋	－	＋
e	＋	＋	－	＋	＋

	大腸菌	ヒトの赤血球	ネンジュモ	ミドリムシ	酵母菌
①	a	b	c	d	e
②	a	c	d	e	b
③	a	d	e	b	c
④	a	e	b	c	d
⑤	b	a	c	d	e
⑥	b	c	d	e	a
⑦	b	d	e	a	c
⑧	b	e	a	c	d

問2 生物の代謝（metabolism）に関する次の記述 a ～ f のうち，**誤っているもの**が2つある。その組み合わせとして正しいものを，下の①～⑨の中から一つ選びなさい。

2

a 独立栄養生物（autotroph）は，炭素源として大気中の二酸化炭素を利用する。

b 従属栄養生物（heterotroph）は，大気中の二酸化炭素も利用できるが，グルコース（glucose）のような比較的複雑な有機化合物中の炭素も利用できる。

c エネルギーに富む栄養物を分解したり，太陽エネルギーを吸収したりして，化学エネルギーを獲得する過程も代謝に含まれる。

d 獲得されたエネルギーは，他の物質の合成など，さまざまな生命活動に利用される。

e 同化（assimilation）はエネルギーを吸収する反応であり，異化（disassimilation）はエネルギーを放出する反応である。

f 異化の過程で放出されるエネルギーの量は，この過程でATPの中に蓄えられるエネルギーの量と等しくなる。

①	a，b
②	a，d
③	a，e
④	b，c
⑤	b，f
⑥	c，d
⑦	c，f
⑧	d，e
⑨	e，f

問 3 次の図は，ATPの構造を示す模式図である。図の**A**，**B**で囲まれた部分の物質名として正しい組み合わせを下の①〜⑨の中から一つ選びなさい。ただし，Ⓟはリン酸を示す。

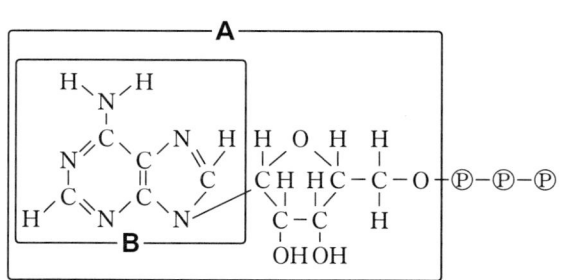

	A	B
①	アデニン(adenine)	アデノシン(adenosine)
②	アデニン	デオキシリボース(deoxyribose)
③	アデニン	リボース(ribose)
④	アデノシン	アデニン
⑤	アデノシン	デオキシリボース
⑥	デオキシリボース	アデニン
⑦	デオキシリボース	アデノシン
⑧	リボース	アデニン
⑨	リボース	アデノシン

問4 呼吸（respiration）によってグルコースが分解される過程には，大きく分けると，解糖系（glycolytic pathway），クエン酸回路（citric acid cycle）および電子伝達系（electron transfer system）の三つの過程がある。呼吸によって分解される物質を呼吸基質（respiratory substance）といい，生物が呼吸基質として何を使っているかは，呼吸商（respiratory quotient）（呼吸で発生したCO_2と消費したO_2の体積の比，CO_2/O_2）を調べることで，ある程度推測することができる。

(1) 文中の下線部の過程に関する記述として最も適当なものを，次の①～⑤の中から一つ選びなさい。　4

① O_2が使われる。
② CO_2が発生する。
③ ATPを消費する反応はない。
④ クエン酸が生じる。
⑤ NADHが生じる。

(2) 酵母菌（yeasts）は，酸素の供給が十分でない環境ではアルコール発酵を行う。グルコースを含む培地で酵母菌を培養したとき，ある条件下ではグルコース1分子あたりに1分子のエタノールの生成がみられた。このとき，グルコース1分子あたりに生成したCO_2と消費されたO_2の分子数の組み合わせとして最も適当なものを，次の①～⑥の中から一つ選びなさい。ただし，この条件下では，グルコースからはエタノール，CO_2およびH_2O以外のものは生じないものとする。　5

	CO_2	O_2
①	3	3
②	4	3
③	5	3
④	4	6
⑤	5	6
⑥	6	6

問5　次の文章を読み，下の問い(1), (2)に答えなさい。

　窒素（nitrogen）は，タンパク質（protein）や核酸（nucleic acid）などの有機窒素化合物を構成する元素である。一般に，植物は根からアンモニウムイオン（NH_4^+）や硝酸イオン（NO_3^-）を吸収し，光合成や呼吸でつくられた化合物をもとにして，アミノ酸などの有機窒素化合物を合成する。アンモニウムイオンの一部は植物に吸収されるが，一部はさらに，ある種の細菌によって亜硝酸イオン（NO_2^-）に変えられ，続いて　a　によって硝酸イオンに変えられて，植物に吸収される。マメ科植物などと共生する根粒菌（rhizobium）や非共生細菌の　b　，一部のシアノバクテリア（cyanobacterium）などは，大気中の窒素を固定し，有機窒素化合物を合成することができる。

(1)　上の文中の空欄　a　，　b　に入る語句として，正しい組み合わせを次の①～⑨の中から一つ選びなさい。　6

	a	b
①	アゾトバクター（Azotobacter）	根粒菌
②	アゾトバクター	硝酸菌（nitrate bacteria）
③	アゾトバクター	亜硝酸菌（nitrite bacteria）
④	硝酸菌	アゾトバクター
⑤	硝酸菌	根粒菌
⑥	硝酸菌	亜硝酸菌
⑦	亜硝酸菌	アゾトバクター
⑧	亜硝酸菌	根粒菌
⑨	亜硝酸菌	硝酸菌

(2) 文中の下線部の過程に関連して，次の①〜③から正しいものを一つ選びなさい。

7

① この過程はエネルギーを必要とし，細菌はこのエネルギーを呼吸で得ている。

② この過程ではエネルギーが放出され，細菌はこのエネルギーを利用して炭酸同化（carbon dioxide assimilation）を行っている。

③ この過程ではエネルギーの出入りはない。

問6 真核生物（eucaryote）の遺伝子発現（gene expression）のしくみについて，次の問い(1)，(2)に答えなさい。

(1) 次の図は，四つのエキソン（exon）（エキソン1〜4）とその間のイントロン（intron）（イントロンa〜c）に対応する部分が含まれるmRNA前駆体（mRNA precursor）を示している。このmRNA前駆体から選択的スプライシング（alternative splicing）によってエキソンに対する部分の組み合わせが異なるmRNAが生成されるとしたとき，最大で何種類のmRNAが生成されるか。最も適当なものを，下の①〜⑧の中から一つ選びなさい。ただし，エキソン1とエキソン4に対応する部分は常に含まれ，イントロンに対応する部分はすべて除去されるものとする。 \boxed{8}

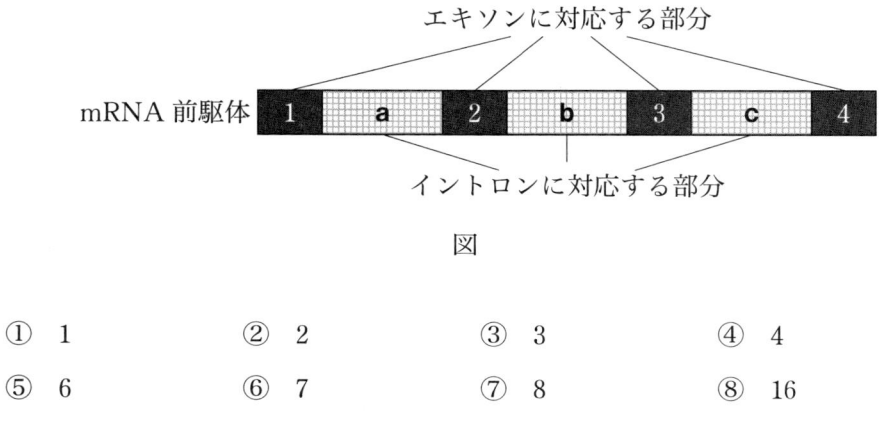

図

① 1　　② 2　　③ 3　　④ 4
⑤ 6　　⑥ 7　　⑦ 8　　⑧ 16

(2) 翻訳（translation）に関する記述として**誤っているもの**を，次の①～⑥の中から一つ選びなさい。　　9

① 翻訳の過程では，まずはじめに，mRNA にリボソームが結合する。
② リボソームが mRNA の開始コドン（codon）までくると，これに対応する tRNA がリボソームの中の mRNA に結合する。
③ リボソームでは，mRNA のアンチコドン（anticodon）を認識する tRNA が結合する。
④ リボソームでは，ペプチド結合（peptide bond）によってアミノ酸どうしが結合し，ポリペプチド（polypeptide）がつくられる。
⑤ ポリペプチドにアミノ酸を渡した tRNA は，mRNA から離れ，再びアミノ酸をリボソームに運搬するようになる。
⑥ リボソームが mRNA の終止コドンまでくると，翻訳が完了する。

問7 生物の性決定（sex determination）の様式について，次の問い(1), (2)に答えなさい。

(1) 雌雄の区別のある生物において，雌雄に共通してみられる染色体を常染色体（autosome）という。一方，雌雄で形や数などの構成が異なる染色体を性染色体（sex chromosome）という。次の図は，雄と雌のショウジョウバエ（*Drosophila*）の体細胞でみられる染色体を模式的に示したものである。ショウジョウバエの性決定の様式はXY型である。図の**A**と**B**は，それぞれ雄と雌のどちらか。正しい組み合わせを下の①～⑤の中から一つ選びなさい。 **10**

A　　　　　　　　　　B

	A	B
①	雄	雌
②	雌	雄
③	雄	雄
④	雌	雌
⑤	この図では判断ができない	

(2) 性の決定様式がZO型の場合，常染色体の半数をAとして表すと，この生物の**雌**の体細胞の染色体構成はどのように表されるか。次の①～⑥の中から適切なものを一つ選びなさい。 **11**

① 2A+ZZ　　　② 2A+Z　　　③ A+Z
④ A+ZZ　　　⑤ A　　　　　⑥ 2A

問 8 フォークトは，局所生体染色法（localized vital staining）によってイモリ（newt）の胞胚（blastula）を染め分け，発生（development）に伴う細胞の移動を追跡し，下図に示すような，胚（embryo）の各部の予定運命を示す図（原基分布図）（fate map）をつくった。動物極（animal pole）側に偏って分布する外胚葉（ectoderm）領域からは，主に表皮（epidermis）組織と神経（nerve）組織が形成される。図中の a ～ d の領域から将来できる組織（tissue）または器官（organ）の組み合わせとして最も適当なものを，下の①～⑧の中から一つ選びなさい。 12

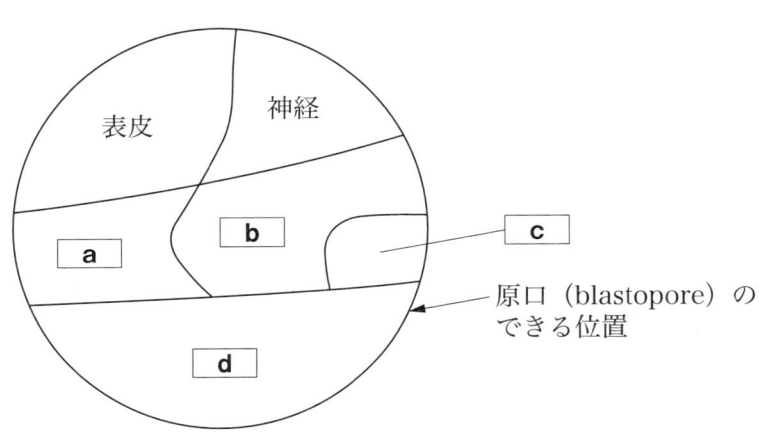

	a	b	c	d
①	心臓（heart）	脊髄（spinal cord）	すい臓（pancreas）	肺（lung）
②	心臓	脊髄	脊索（notochord）	眼
③	心臓	真皮（dermis）	すい臓	眼
④	心臓	真皮	脊索	肺
⑤	肝臓（liver）	脊髄	すい臓	肺
⑥	肝臓	脊髄	脊索	眼
⑦	肝臓	真皮	すい臓	眼
⑧	肝臓	真皮	脊索	肺

問9 次の文は，ヒトの血液凝固（blood coagulation）について説明したものである。文中の空欄 a ～ d にあてはまる語句の組み合わせとして正しいものを，下の①～⑧の中から一つ選びなさい。 13

からだには，破損した血管からの出血を防ぐために，血液が凝固するしくみがある。血管が傷つくと，その部分に a が集まる。つぎに， b というタンパク質が集まった繊維が形成され，血球がからめとられて血ぺい（blood clot）ができる。血ぺいが血管の傷をふさぐと出血が止まる。また，血液凝固は，採取した血液を静置した場合にもみられる。試験管などに入れた血液をしばらく放置しておくと，沈殿物として血ぺいができ，上澄みとして c ができる。

血管の修復とともに， b を分解して血ぺいなどを溶かす d というしくみがはたらき，傷を塞いでいた血ぺいが溶けて取り除かれる。

	a	b	c	d
①	赤血球（erythrocyte）	トロンビン	血しょう（blood plasma）	溶解（dissolution）
②	赤血球	フィブリン	血清（serum）	線溶（fibrinolysis）
③	白血球（leukocyte）	ヘパリン	組織液（tissue fluid）	溶解
④	白血球	ヒルジン	リンパ液（lymph fluid）	線溶
⑤	血小板（thrombocyte）	トロンビン	血しょう	溶解
⑥	血小板	フィブリン	血清	線溶
⑦	リンパ球（lymphocyte）	ヘパリン	組織液	溶解
⑧	リンパ球	ヒルジン	リンパ液	線溶

問10 次の文中の空欄 a ～ e に入る語句の組み合わせとして正しいものを，下の①～⑧の中から一つ選びなさい。 14

ヒトの骨格筋（skeletal muscle）は a という多核の細長い細胞が束状に集まって構成されている。1個の a 内には多数の b が細胞の長軸方向に平行にならんでおり，さらに b は，T管や大量の c を蓄えている筋小胞体（sarcoplasmic reticulum）によって取り巻かれている。 b を電子顕微鏡で観察すると，細い d フィラメントと太い e フィラメントが規則正しく配列している。骨格筋の収縮は，これらのフィラメントのはたらきによって起こる。

	a	b	c	d	e
①	筋原繊維 (myofibril)	筋繊維 (muscle fiber)	Ca^{2+}	アクチン	ミオシン
②	筋原繊維	筋繊維	Ca^{2+}	ミオシン	アクチン
③	筋原繊維	筋繊維	ATP	アクチン	ミオシン
④	筋原繊維	筋繊維	ATP	ミオシン	アクチン
⑤	筋繊維	筋原繊維	Ca^{2+}	アクチン	ミオシン
⑥	筋繊維	筋原繊維	Ca^{2+}	ミオシン	アクチン
⑦	筋繊維	筋原繊維	ATP	アクチン	ミオシン
⑧	筋繊維	筋原繊維	ATP	ミオシン	アクチン

問11 フィトクロム（phytochrome）について述べた次の文中の空欄 a ～ f に入る語句の組み合わせとして最も適当なものを，下の①～⑧の中から一つ選びなさい。 15

フィトクロムはすべての植物に含まれ，Pr 型と Pfr 型の2つの型をとる。これらは光の吸収により相互に変換され， a 光を吸収すると Pfr 型に， b 光を吸収すると Pr 型になる。種子の中で c 型のフィトクロムが増えると d の合成が誘導されて，光発芽種子（photoblastic seed）の発芽（germination）が促進される。次の図は，樹木の葉群の上下における光の波長を調べたものである。 e 光は植物の葉に吸収されやすいので，生い茂った葉（葉群）の下では f 光の割合が高くなる。結果的に光発芽種子では，ほかの植物が生い茂ってあまり光が当たらない環境において，発芽が抑えられる。

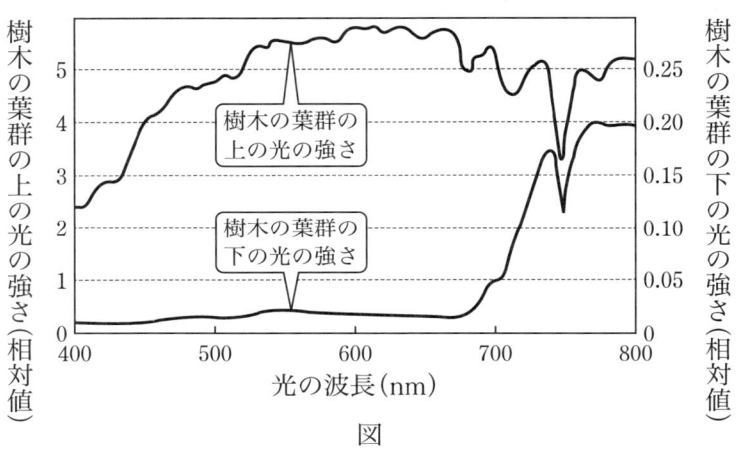

図

	a	b	c	d	e	f
①	赤色光	遠赤色光	Pfr	ジベレリン（gibberellin）	赤色光	遠赤色光
②	赤色光	遠赤色光	Pr	ジベレリン	赤色光	遠赤色光
③	赤色光	遠赤色光	Pfr	アブシシン酸（abscisic acid）	赤色光	遠赤色光
④	赤色光	遠赤色光	Pr	アブシシン酸	赤色光	遠赤色光
⑤	遠赤色光	赤色光	Pfr	ジベレリン	遠赤色光	赤色光
⑥	遠赤色光	赤色光	Pr	ジベレリン	遠赤色光	赤色光
⑦	遠赤色光	赤色光	Pfr	アブシシン酸	遠赤色光	赤色光
⑧	遠赤色光	赤色光	Pr	アブシシン酸	遠赤色光	赤色光

問12 次の図は，森林の一次遷移（succession）に伴う物質生産量の変化を模式的に示したものである。曲線 a～曲線 c および斜線部（曲線 b と曲線 c の差）は，総生産量（gross production），純生産量（net production），呼吸量（amount of respiration），成長量（amount of growth），または現存量（standing crop）のいずれかを示している。曲線 a～曲線 c および斜線部は何を示しているか，組み合わせとして正しいものを下の①～⑧の中から一つ選びなさい。 16

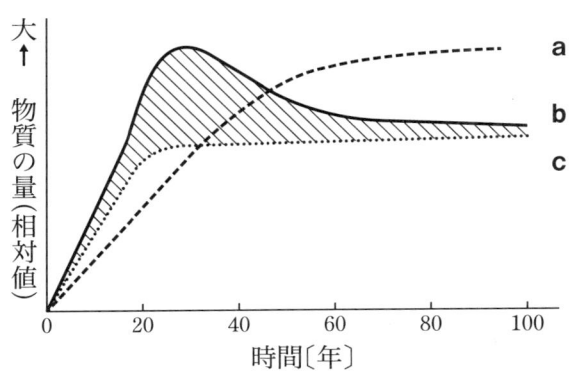

	曲線 a	曲線 b	曲線 c	斜線部
①	総生産量	純生産量	現存量	呼吸量
②	総生産量	純生産量	呼吸量	現存量
③	総生産量	現存量	呼吸量	純生産量
④	総生産量	現存量	純生産量	呼吸量
⑤	現存量	純生産量	呼吸量	総生産量
⑥	現存量	純生産量	総生産量	呼吸量
⑦	現存量	総生産量	純生産量	呼吸量
⑧	現存量	総生産量	呼吸量	純生産量

問13 新生代（Cenozoic era）になると哺乳類（mammal）が急速に多様化し，その中から霊長類（primate）が出現した。さらに，新生代新三世紀のはじめころ，霊長類の中から尾をもたない類人猿（ape）の仲間が現れた。この類人猿と共通の祖先の中から人類が出現したと考えられている。次の問い(1), (2)に答えなさい。

(1) 霊長類の特徴として**誤っているもの**を，次の①〜④の中から一つ選びなさい。 17

① 両眼が顔の前面につき立体視（stereoscopic vision）できる範囲が広い。
② 拇指（母指）対向性（thumb opposability）をもつ。
③ 視覚（vision sense）よりも嗅覚（olfactory sense）が発達している。
④ 四肢（four extremities）の5本の指は独立し，平爪をもつ。

(2) 類人猿とヒトとの相違点として**誤っているもの**を，次の①〜④の中から1つ選びなさい。 18

① ヒトの前肢は，類人猿と比較して相対的に長い。
② ヒトは類人猿と異なり，おとがい（chin, mentum）をもつ。
③ ヒトの骨盤（pelvis）は横広で，類人猿は縦長である。
④ 類人猿には眼窩上隆起（brow ridge）があるが，ヒトにはない。

第 ⑤ 回　模擬試験

解答時間：40分

問1　次の表は，3種類の生物のからだや細胞の成分分析の結果を示したものである。Ⅰ～Ⅲは，トウモロコシ (corn) の全草・マウス (mouse) の肝臓の細胞・大腸菌 (*Escherichia coli*) のいずれかであり，A～Eは，核酸・脂質・炭水化物・水・無機塩類のいずれかである。なお，Bは水に溶けにくい性質をもち，CとEは無機物である。

　AとEに該当する物質の組み合わせとして最も適当なものを，下の①～⑥の中から一つ選びなさい。　1

成分	生物		
	Ⅰ	Ⅱ	Ⅲ
タンパク質	15	21	3.8
A	4	3.8	23.8
B	3	5.6	2.1
C	1	0.4	0.7
D	7	1.2	0.01
E	70	68	69.5

（数値は重量％）

	A	E
①	核酸	無機塩類
②	核酸	水
③	脂質	無機塩類
④	脂質	水
⑤	炭水化物	無機塩類
⑥	炭水化物	水

問 2 顕微鏡に接眼ミクロメーターと対物ミクロメーターをセットし，顕微鏡をのぞいたところ，対物ミクロメーターの目盛りと接眼ミクロメーターの目盛りが次の図1のように見えた。次に，同じ倍率のまま，この接眼ミクロメーターで細胞を観察すると，図2のように見えた。この細胞の長径は何 μm か。最も近い値を下の①〜⑥の中から一つ選びなさい。　2

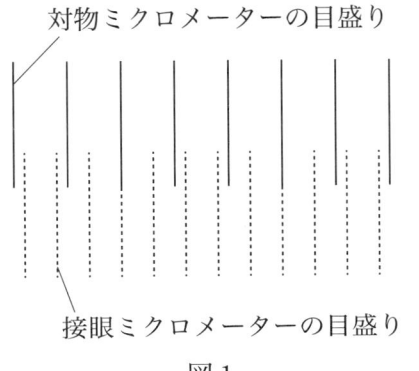

図1

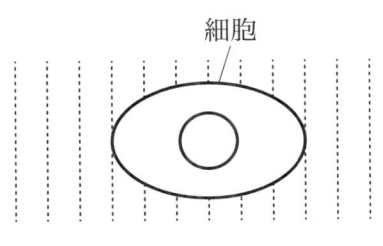

図2

①　0.6 μm　　　②　6 μm　　　③　10 μm
④　30 μm　　　⑤　36 μm　　　⑥　60 μm

問3　呼吸（respiration）における次の**a**～**e**の反応は，解糖系（glycolytic pathway），クエン酸回路（citric acid cycle），電子伝達系（electron transfer system）のいずれかの過程で行われる。それぞれの反応は，どの過程で行われているか。正しい組み合わせを，下の①～⑥の中から一つ選びなさい。　3

a　嫌気的（anaerobic）な環境下においても同様な反応が進行する。
b　水が消費される。
c　水が生じる。
d　二酸化炭素が発生する。
e　ATPを消費する反応がある。

	解糖系	クエン酸回路	電子伝達系
①	a, e	b, d	c
②	b	c	a, d
③	c	a, b	d, e
④	a	c, e	b, d
⑤	c, d	a	b
⑥	d, e	b, c	a

問4 光合成 (photosynthesis) に関する次の文中の a ～ c に入る語の組み合わせとして最も適当なものを，下の①～⑥の中から一つ選びなさい。 4

光のエネルギーを受けて光化学系 (photochemical system) Ⅱのクロロフィル (chlorophyll) から放出された電子は，光化学系Ⅰに受け渡され， a の合成に使われる。電子を放出した光化学系Ⅱのクロロフィルが還元される際には，チラコイド (thylakoid) 内の水分子が分解され，酸素と b が生じる。また，光化学系Ⅱで生じた電子が光化学系Ⅰに伝達される過程で，ストロマ (stroma) 側の b がチラコイドの内側に輸送される。チラコイド内に蓄積された b が，ある酵素を通ってストロマ側に移動するときに c が合成される。このようにして合成された a や c は，二酸化炭素を固定する反応で使われる。

	a	b	c
①	NADPH	H^+	ATP
②	NADPH	ATP	H^+
③	$NADP^+$	NADPH	ATP
④	$NADP^+$	ATP	NADPH
⑤	ATP	NADPH	H^+
⑥	ATP	H^+	NADPH

問 5 DNA と RNA に関する記述として最も適当なものを，次の①〜④の中から一つ選びなさい。 5

① DNA の複製（replication）は，DNA ポリメラーゼ（DNA polymerase）によって 2 本鎖 DNA の両鎖で行われるが，RNA への転写（transcription）は，RNA ポリメラーゼによって遺伝子ごとに，どちらか片方の DNA 鎖を鋳型（template）として行われる。

② 真核生物において，DNA の複製は核内で行われるが，RNA への転写は細胞質基質（cytoplasmic matrix）内で行われる。

③ DNA や RNA のヌクレオチド（nucleotide）鎖において，隣り合ったヌクレオチドどうしの結合は，それぞれのヌクレオチドのリン酸（phosphate）の間で形成される。

④ 真核生物の DNA は，細胞分裂の際に rRNA と結合して凝縮し，太いひも状の構造として，顕微鏡で観察できる染色体（chromosome）となる。

問 6 下の図1は，ある植物の花粉（pollen）がつくられるときにみられる，分裂に伴う核あたりのDNA量の変化を示している。図1の分裂過程を顕微鏡で観察したところ，図2のような染色体がみられた。図2の染色体が観察されたのは，図1のA〜Eのどの時期か。最も適当なものを下の①〜⑤の中から一つ選びなさい。 6

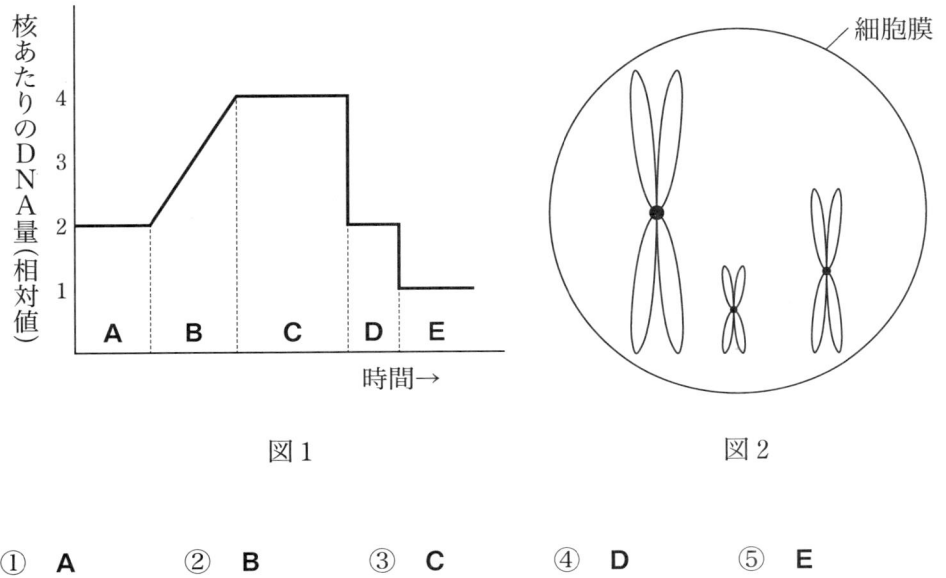

図1　　　　　　　　図2

① A　　② B　　③ C　　④ D　　⑤ E

問7 次の図は，動物の配偶子（gametes）形成の過程を模式的に示したものである。下の問い(1)，(2)に答えなさい。

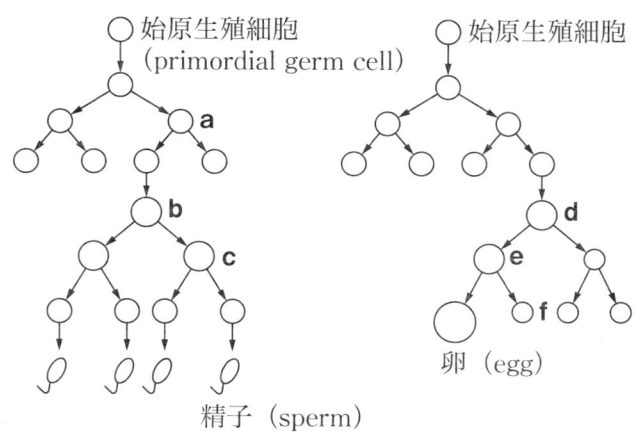

(1) 図中の**a**，**b**，**e**，**f**の細胞の名称の組み合わせとして正しいものはどれか。次の①～⑥の中から一つ選びなさい。 ⑦

	a	b	e	f
①	一次精母細胞（spermatocyte）	二次精母細胞	卵原細胞（oogonium）	第一極体（polar body）
②	一次精母細胞	精原細胞（spermatid）	卵原細胞	第一極体
③	二次精母細胞	精原細胞	一次卵母細胞（oocyte）	第一極体
④	二次精母細胞	一次精母細胞	一次卵母細胞	第二極体
⑤	精原細胞	一次精母細胞	二次卵母細胞	第二極体
⑥	精原細胞	二次精母細胞	二次卵母細胞	第二極体

(2) この動物の始原生殖細胞の染色体数を $2n$ とすると，細胞 **c** と **d** の染色体数の組み合わせとして正しいものはどれか。次の①～④の中から一つ選びなさい。

	c	d
①	$2n$	$2n$
②	$2n$	n
③	n	$2n$
④	n	n

問8 被子植物（angiosperm）の生殖に関する記述として最も適当なものを，次の①～⑤の中から一つ選びなさい。　9

① 精細胞（sperm cell）のうちの1個は中央細胞（central cell）と融合し，将来，胚乳（albumen）をつくる。

② 花粉管（pollen tube）の中で，花粉管細胞が精細胞になる。

③ 花粉管の先端が胚のう（embryo sac）に到達すると，精細胞のうちの1個は卵細胞（egg cell）と合体し，核相（染色体の構成）が $3n$ の受精卵になる。

④ 花粉四分子（pollen tetrad）のうち3個は退化し，1個が成熟した花粉になる。

⑤ 1個の胚のう母細胞（embryo-sac mother cell）は，減数分裂（meiosis）を経て3個の胚のう細胞（embryo-sac cell）になる。

問9 次の図は，ヒトの血液循環系（blood circulation system）の一部を表しており，矢印は血液の流れの方向を示している。A，B，C，Dは肝臓（liver），腎臓（kidney），肺（lung），小腸（small intestine）のいずれかである。

ある物質Xの濃度は，図のa～dを流れる血液のうち，cで最も高くなる。また，ある物質Yの濃度は，dで最も低くなる。X，Yにあてはまる物質はそれぞれ何か。最も適当な組み合わせを，下の①～⑤の中から一つ選びなさい。|10|

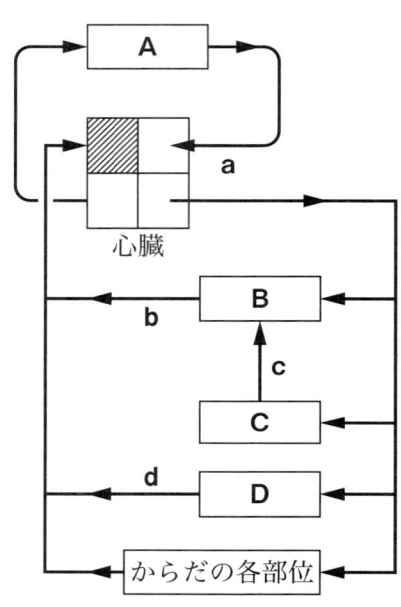

	物質X	物質Y
①	尿素（urea）	グルコース（glucose）
②	二酸化炭素	酸素
③	酸素	アンモニア（ammonia）
④	アンモニア	二酸化炭素
⑤	グルコース	尿素

問10 次の文中の空欄 a ～ c に入る語の組み合わせとして最も適当なものを，下の①～⑧の中から一つ選びなさい。　11

　ヒトの体内環境の調節には，自律神経系（autonomic nervous system）による調節とホルモン（hormone）による調節とがあり，これらの調節の中枢は a にある。例えば，自律神経による調節では， a の活動によって b のはたらきが強まると，胃や腸（stomach and intestines）の活動が抑制される。ホルモンによる調節では， a が放出ホルモンを分泌して c を刺激すると， c から副腎皮質刺激ホルモン（adrenocorticotropic hormone）の分泌が促される。

	a	b	c
①	間脳（interbrain）の視床下部（hypothalamus）	交感神経（sympathetic nerve）	脳下垂体前葉（anterior pituitary gland）
②	間脳の視床下部	交感神経	脳下垂体後葉（posterior pituitary gland）
③	間脳の視床下部	副交感神経（parasympathetic nerve）	脳下垂体前葉
④	間脳の視床下部	副交感神経	脳下垂体後葉
⑤	小脳（cerebellum）	交感神経	脳下垂体前葉
⑥	小脳	交感神経	脳下垂体後葉
⑦	小脳	副交感神経	脳下垂体前葉
⑧	小脳	副交感神経	脳下垂体後葉

問11 健康なヒトにおける抗体（antibody）産生のしくみに関する次の文中の a ～ c に入る語の組み合わせとして最も適当なものを，下の①～⑧の中から一つ選びなさい。 12

　病原体などの異物が体内に侵入すると，好中球（neutrophilic leukocyte），マクロファージ（macrophage）， a などが食作用により分解する。その後，マクロファージや a は，分解した異物の一部分を b として細胞表面に提示する。 b の情報を受け取ったヘルパーT細胞は増殖し，同じ b を認識した c を活性化する。活性化した c は増殖し，大量の抗体を産生して体液中に分泌する。

	a	b	c
①	樹状細胞 (dendritic cells)	抗原 (antigen)	キラーT細胞 (killer T-cell)
②	樹状細胞	抗原	B細胞
③	樹状細胞	ワクチン (vaccine)	キラーT細胞
④	樹状細胞	ワクチン	B細胞
⑤	血小板 (platelet)	抗原	キラーT細胞
⑥	血小板	抗原	B細胞
⑦	血小板	ワクチン	キラーT細胞
⑧	血小板	ワクチン	B細胞

問12 次の表は，ヒトの視覚，聴覚，および平衡感覚（static sense）について，適刺激（adequate stimulus）と受容器とをまとめたものである。 a ～ e に入る語の組み合わせとして最も適切なものを，下の①〜⑧の中から一つ選びなさい。 13

表　適刺激と受容器

感覚	適刺激	受容器
視覚	光	a
聴覚	音	b
平衡感覚	c	前庭（vestibule）
	d	e

	a	b	c	d	e
①	角膜（cornea）	コルチ器（Corti's organ）	体の傾き（tilt）	体の回転（rotation）	半規管（semicircular canal）
②	角膜	コルチ器	体の回転	体の傾き	うずまき管（cochlea）
③	角膜	鼓膜（tympanic membrane）	体の傾き	体の回転	半規管
④	角膜	鼓膜	体の回転	体の傾き	うずまき管
⑤	網膜（retina）	コルチ器	体の傾き	体の回転	半規管
⑥	網膜	コルチ器	体の回転	体の傾き	うずまき管
⑦	網膜	鼓膜	体の傾き	体の回転	半規管
⑧	網膜	鼓膜	体の回転	体の傾き	うずまき管

問13 植物の成長運動について述べた次の文 a～e の中から**誤っているもの**を二つ選び，その組み合わせを下の①～⑥の中から一つ選びなさい。 14

a 植物の芽生え（seedling）が光の方向に伸びるのは正の光屈性（phototropism）であり，根が光の反対方向に伸びるのは負の光屈性である。

b タンポポの花に光が当たると開くのは，正の光屈性である。

c 暗黒下で植物の芽生えを水平に置くと，幼葉鞘（coleoptile）は負の重力屈性（gravitropism），幼根は正の重力屈性を示す。

d オジギソウ（sleeping plant）の葉に触れると，小葉が閉じ葉柄（petiole）が垂れ下がるのは負の接触屈性（thigmotropism）である。

e 植物の花粉管（pollen tube）が柱頭（stigma）から胚珠（ovule）に向かって伸びるのは，正の化学屈性（chemo cropism）である。

① a，b　　② a，c　　③ a，e
④ b，c　　⑤ b，d　　⑥ c，e

問14 個体の分布様式に関して，一定地域内に生息する個体群内の個体間には，各個体の関係によって，次の図に模式的に示すような3種類の分布がみられる。

下の文章中の a ～ c に入る語の組み合わせとして最も適当なものを，あとの①～⑥の中から一つ選びなさい。 15

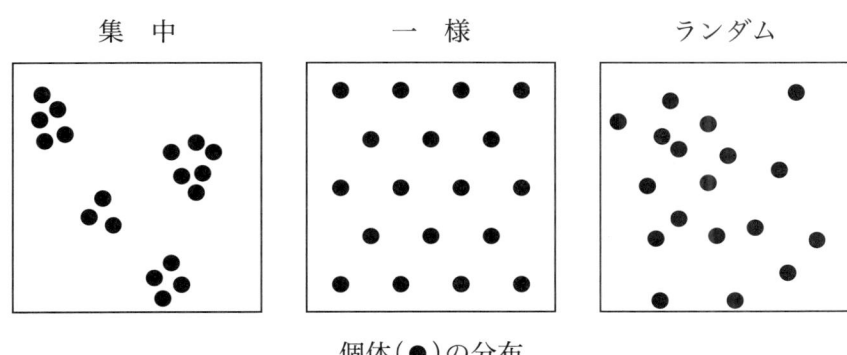

個体(●)の分布

ある種の植食性動物が，餌が均一に散らばっている地面で餌を利用しているときの分布を考える。捕食者が比較的多い環境では，この植食性動物は群れを形成し，各個体が見張りの時間をできるだけ減らそうとするため，個体の分布は a 分布になる傾向がある。一方，捕食者が少ない環境では見張りの必要性は低い。そのような環境で植食性動物の個体群密度が高いと，個体間での餌をめぐる争いを避けるため， b 分布に近づく傾向がある。また，捕食者が少ない環境で植食性の個体群密度が低いと，見張りの必要性が低いだけでなく個体間の争いもほとんど生じないため， c 分布になる傾向がある。

	a	b	c
①	集中	一様	ランダム
②	集中	ランダム	一様
③	一様	集中	ランダム
④	一様	ランダム	集中
⑤	ランダム	集中	一様
⑥	ランダム	一様	集中

問15 次の文は，生態系（ecosystem）の成り立ちについて述べたものである。文中の空欄 a ～ e にあてはまる語句の組み合わせとして正しいものを，下の①～⑧の中から一つ選びなさい。 16

　生物とそれらを取り巻く環境とを一つのまとまりとしてとらえたとき，全体を生態系という。一般に，生物が非生物的環境から受けるさまざまな影響を a といい，これに対して生物が生活することによって非生物的環境に及ぼす影響を b という。生態系を構成する生物は，大きく c と d に分けられ， d のうちで遺体や排出物に含まれている有機物を無機物にまで分解する生物はとくに e とよばれる。

	a	b	c	d	e
①	作用 （action）	環境形成作用 （reaction）	植物	動物	菌類
②	作用	環境形成作用	植物	動物	分解者
③	作用	環境形成作用	生産者	消費者	菌類
④	作用	環境形成作用	生産者	消費者	分解者
⑤	環境形成作用	作用	植物	動物	菌類
⑥	環境形成作用	作用	植物	動物	分解者
⑦	環境形成作用	作用	生産者	消費者	菌類
⑧	環境形成作用	作用	生産者	消費者	分解者

問16 生物の変遷とともに地球環境も変化していったと考えられる。現在考えられている説にしたがい，次のa～dを時代の古い方から並べたものとして，正しいものはどれか。下の①～④の中から一つ選びなさい。 17

    a 呼吸を行う生物の誕生

    b 炭酸同化（carbon dioxide assimilation）を行う生物の誕生

    c エディアカラ生物群（Eidiacara biota）の繁栄

    d オゾン層（ozone layer）の形成

① a b c d
② b a c d
③ c b a d
④ d b a c

問17　ヘモグロビンなどのタンパク質のアミノ酸配列をさまざまな種において比較することによって，分子時計とよばれる考え方ができあがった。この考え方は塩基配列においても成り立つ。次の図は三種の哺乳類A〜Cのゲノム中のある領域における塩基配列を示しており，三種間で一つでも違いのある塩基については，黒い背景に白文字で表示している。図に示した塩基配列において分子時計が成り立ち，種Aと種Bがおよそ9000万年前に分岐したことが化石の記録から分かっているとき，種Aと種Cが分岐した年代の推定値として最も適当なものを，下の①〜⑤の中から一つ選びなさい。 18

種A：TGTGAAA**A**TAC**A**G**A**GCGTT**C**GCATAT**C**AAAGAAAA**C**
種B：TGTGAAA**G**TAC**T**G**G**GFGTT**T**GCATAT**C**AA**C**GAAAA**A**
種C：TGTGAAA**A**TAC**A**G**A**GCGTT**C**GCATAT**T**AAAGAAAA**A**

①　1500万年前　　②　3000万年前　　③　4500万年前
④　9000万年前　　⑤　1億8000万年前

第 ⑥ 回　模擬試験

解答時間：40分

問1　アクチンフィラメント（actin filament），中間径フィラメント（intermediate filament），微小管（microtubule）のはたらきは，それぞれ次の**a**〜**f**のどれか。正しい組み合わせを，下の①〜⑥の中から一つ選びなさい。　1

a　筋収縮
b　細胞の形を保つ
c　鞭毛（flagellum）や繊毛（cilium）の運動
d　細胞質分裂（cytokinesis）
e　物理的な強度の維持
f　細胞小器官（organelle）の輸送

	アクチンフィラメント	中間径フィラメント	微小管
①	a, b	c, d	e, f
②	a, d	b, e	c, f
③	b, c	d, f	a, e
④	b, f	a, c	d, e
⑤	c, e	b, f	a, d
⑥	c, f	a, e	b, d

問2 窒素固定(nitrogen fixation)と窒素同化(nitrogen assimilation)に関する記述として最も適当なものを，次の①〜⑤の中から一つ選びなさい。　|2|

① 窒素固定細菌は，窒素固定のために植物との共生を必要とし，単独で窒素固定を行うことはない。

② 窒素固定細菌による窒素固定では，土壌中の生物の遺体に含まれる窒素化合物から，別の窒素化合物がつくられる。

③ 植物が根から取り込むアンモニウムイオン(ammonium ion)は，硝酸菌(nitrate bacteria)や亜硝酸菌(nitrite bacteria)のはたらきで生じる。

④ 植物の窒素同化では，酵素のはたらきで，グルタミン酸とアンモニウムイオンからグルタミンが合成される。

⑤ 動物は，主に硝酸イオン(nitrate ion)から窒素を含む生体成分をつくる。

問3 DNAの複製（replication）では，まず複製起点とよばれる領域で塩基間の水素結合が切れて開裂し，そこから両方向に複製される。次の図は，DNAの複製起点付近の構造を模式的に示したものである。下の問い(1)，(2)に答えなさい。

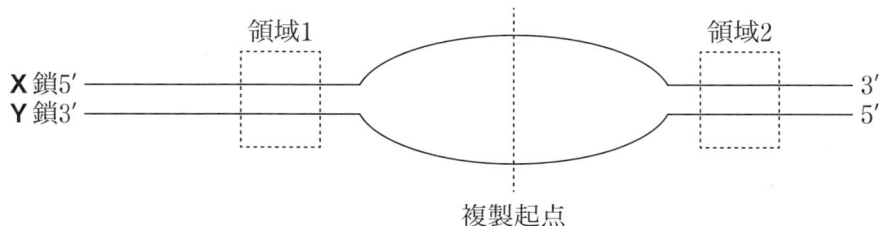

(1) 図に関する説明として，最も適当なものを次の①〜④の中から一つ選びなさい。　**3**

① DNAの複製に際し，岡崎フラグメント（Okazaki fragment）はX鎖側のみで合成される。
② X鎖側はリーディング鎖（leading strand）のみを，Y鎖側はラギング鎖（lagging strand）のみを合成する。
③ 領域1においてラギング鎖が合成されるのはY鎖側である。
④ 領域2においてリーディング鎖が合成されるのはX鎖側である。

(2) 図に示した二本鎖DNAは660塩基対（base pair）からなり，2本鎖に含まれる塩基の割合はAが22％，Cが28％であった。X鎖全体を100％としたときにX鎖に含まれるTの割合が24％であったとすると，Y鎖に含まれるTの塩基数はいくつになるか。最も適当なものを，次の①〜⑤の中から一つ選びなさい。　**4**

① 66　　② 132　　③ 145　　④ 158　　⑤ 185

②

問5 下図は，ウニ（sea urchin）とカエル（frog）の様々な発生段階の胚（embryo）を模式的に示している。図のA〜Hの胚のうち，ウニの胚を発生の進行順に並べたとき，2番目と4番目になる胚の組み合わせとして最も適切なものを，下の①〜⑥の中から一つ選びなさい。　6

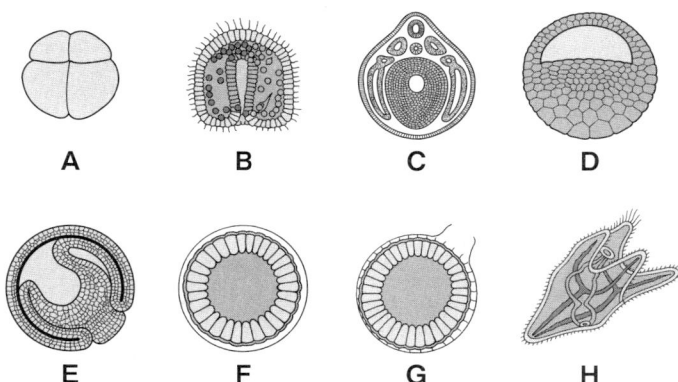

	2番目	4番目
①	A	E
②	B	H
③	D	E
④	F	C
⑤	G	B
⑥	G	H

問6 次の図1は被子植物の配偶子（gamete）形成の模式図であり，図2は受精が起こる少し前の，花の模式図である。下の問い(1)～(3)に答えなさい。

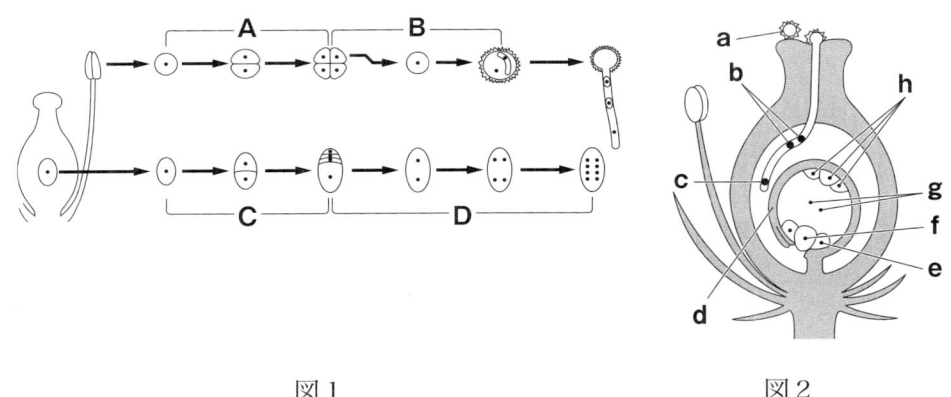

図1　　　　　　　　図2

(1) 図1中のA～Dの分裂過程で，減数分裂（meiosis）が行われているところはどこか。正しいものを，次の①～⑨の中から一つ選びなさい。　**7**

① Aのみ　② Bのみ　③ Cのみ　④ Dのみ　⑤ AとB
⑥ AとC　⑦ AとD　⑧ BとC　⑨ BとD

(2) 図2の状態の後に受精が起こる際，受精卵を生じる受精のほかに，もう一つの融合が起こる。図の中のどことどこが融合するか。次の①～④の中から一つ選びなさい。　**8**

① 2個のbと1個のh
② 1個のbと2個のh
③ 2個のbと1個のg
④ 1個のbと2個のg

(3) この被子植物において，120粒の種子（seed）ができた。種子形成に関与した**精細胞**（sperm cell）の数は何個か。正しいものを次の①～④の中から一つ選びなさい。　**9**

① 30個　② 60個　③ 120個　④ 240個

問7 ヒトの体液（body fluid）は，血管内を流れる血液（blood），細胞を取り巻く組織液（tissue fluid），およびリンパ管内を流れるリンパ液（lymph fluid）からなり，各種の栄養分や酸素などを全身の細胞に供給するとともに，老廃物を運び去っている。血液は液体成分である血しょう（blood plasma）と，有形成分とからなる。

(1) 次の液体 a～d のうち，組織液と組成（含んでいる物質とその濃度）が近いものの組み合わせとして最も適当なものを，下の①～⑥の中から一つ選びなさい。 **10**

| a 血しょう | b 細胞質基質（cytoplasmic matrix） |
| c 海水 | d リンパ液 |

① a, b　　② a, c　　③ a, d
④ b, c　　⑤ b, d　　⑥ c, d

(2) 血しょうに関する記述として最も適当なものを，次の①～⑤の中から一つ選びなさい。 **11**

① 血しょうに含まれる無機塩類（inorganic salts）にはナトリウムイオン（sodium ion）が多く，その濃度は海水と同じである。
② 血液中の二酸化炭素（carbon dioxide）は，赤血球（rythrocyte）のヘモグロビン（hemoglobin）と結合した状態で運搬されるので，血しょう中には含まれない。
③ 血しょうに多く含まれるアルブミン（albumin）はタンパク質であり，標的細胞（target cell）に運ばれて情報を伝達する。
④ 血しょうには，グルコース（glucose）が約 0.1％含まれており，細胞に取り込まれてエネルギーとなる。
⑤ 血しょうに微量に含まれるホルモン（hormone）は，様々な細胞に取り込まれて細胞の構成成分となる。

問8 次の文は，ヒトの耳のはたらきについて述べたものである。文中の空欄 a ～ e に入る語の組み合わせを，下の①～⑧の中から一つ選びなさい。 12

　ヒトの耳には，空気の振動である音波を受け取る聴覚器（auditory organ）と，からだの回転（rotation）や傾き（tilt）を受容する平衡感覚器（static organ）がある。聴覚器としてはたらく場合，外耳道（ear canal）を伝わってきた音波は鼓膜（tympanic membrane）を振動させる。その振動は中耳（middle ear）の耳小骨（auditory ossicle）によって増幅され，内耳（inner ear）に伝えられる。この振動がリンパ液を伝わって基底膜（basement membrane）を振動させると，基底膜の上にある a の聴細胞が刺激される。また，耳管（eustachian tube）には，鼓膜内の圧力差を解消し，音を伝えやすくするしくみが備わっている。

　一方，平衡感覚器としては，前庭（vestibule）と半規管（semicircular canal）がはたらく。前庭には，感覚毛（sensory hair）をもった感覚細胞があり，体が b すると，前庭中の c が動いて感覚細胞が刺激され，それにより体の b を感知することができる。また，半規管にも感覚細胞がある。体が d すると，半規管の中の e が動き，体の d を感知することができる。

	a	b	c	d	e
①	鼓室階（scala tympani）	傾斜（tilt）	平衡石（耳石）（statolith）	回転	リンパ液
②	鼓室階	傾斜	リンパ液	回転	平衡石（耳石）
③	鼓室階	回転	平衡石（耳石）	傾斜	リンパ液
④	鼓室階	回転	リンパ液	傾斜	平衡石（耳石）
⑤	コルチ器（Corti's organ）	傾斜	平衡石（耳石）	回転	リンパ液
⑥	コルチ器	傾斜	リンパ液	回転	平衡石（耳石）
⑦	コルチ器	回転	平衡石（耳石）	傾斜	リンパ液
⑧	コルチ器	回転	リンパ液	傾斜	平衡石（耳石）

問9　ミツバチ（honey bee）は8の字ダンスによって餌場（feeding site）の方向や距離を仲間に知らせる。8の字ダンスは円運動と直線運動からなり，巣箱の垂直な壁面で見られる。巣箱から見た太陽の方向を重力軸上方に見たて，餌場の方向をダンスの直線方向で示す。また，餌場までの距離が遠いほど，ダンスは速くなる。

巣箱の壁で，図1の(I)～(III)のような8の字ダンスが見られた場合，それぞれえさ場は図2の**a**～**f**のうち，どの方向にあると考えられるか。正しい組み合わせを下の①～⑥の中から一つ選びなさい。　|13|

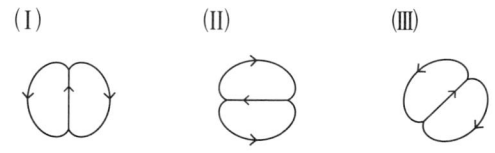

図1　8の字ダンス

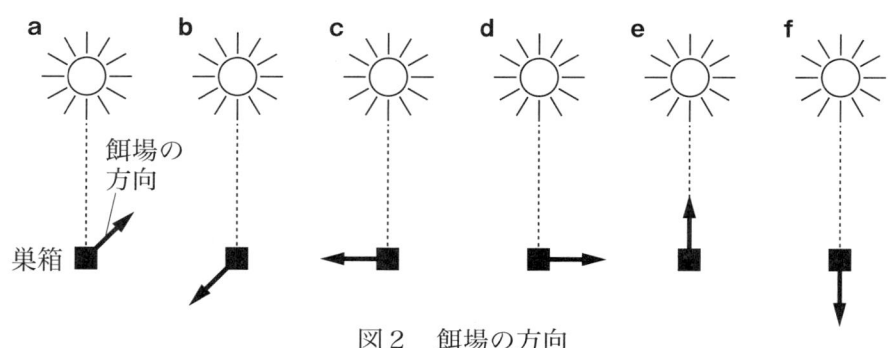

図2　餌場の方向

	(I)	(II)	(III)
①	e	c	b
②	e	d	b
③	e	c	a
④	f	d	a
⑤	f	c	b
⑥	f	d	b

問10 マカラスムギ（アベナ）(*Avena sativa*) の幼葉鞘 (coleoptile) の光屈性 (phototropism) に関する以下の記述**A〜F**の中に，**誤っているもの**が二つある。それらの組み合わせとして最も適当なものを，下の①〜⑥の中から一つ選びなさい。ただし，解答の際は下の図を参照すること。 14

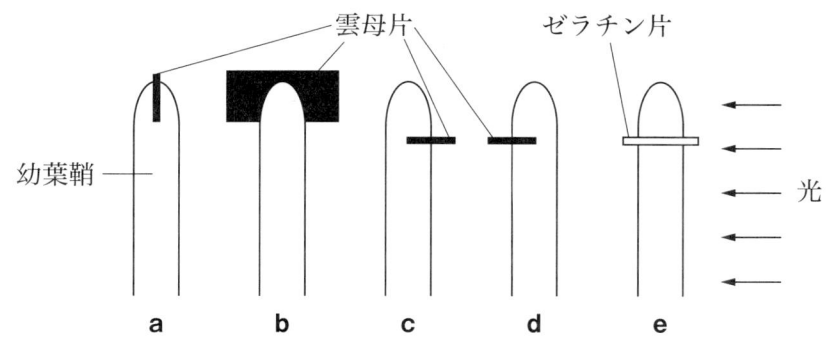

A 幼葉鞘の先端部に光があたると，刺激の情報が基部 (bottom) 方向に伝わって，光のあたる側への屈曲を引き起こす。

B オーキシン (auxin) は幼葉鞘の先端部で合成され，基部方向へ移動し，細胞の成長を促進する。

C 幼葉鞘に側方から光があたると，オーキシンは光のあたる側に移動し，光のあたる側の成長を促進する。

D 幼葉鞘の先端部に雲母片 (mica) を垂直に差し込み，図**a**のように雲母片に垂直な方向から光があたると屈曲が起こるが，図**b**のように雲母片に平行な方向から光があたっても屈曲は起こらない。

E 幼葉鞘の先端部と基部の間に雲母片を途中まで水平に差し込む場合，図**c**のように光のあたる側に差し込むと屈曲が起こるが，図**d**のように光があたらない側に差し込むと屈曲は起こらない。

F 幼葉鞘を先端部付近で切断し，図**e**のように切断面にゼラチン片をはさんでも，屈曲は起こる。

① A，C   ② C，D   ③ B，E
④ D，E   ⑤ B，F   ⑥ A，F

問11 次の図1～3は，2種の生物A，Bにおける時間的経過に伴う個体数の変化を表したモデル図である。それぞれの図は，下のa～cのどの関係にあたるか，最も適当なものの組み合わせを下の①～⑥の中から一つ選びなさい。 15

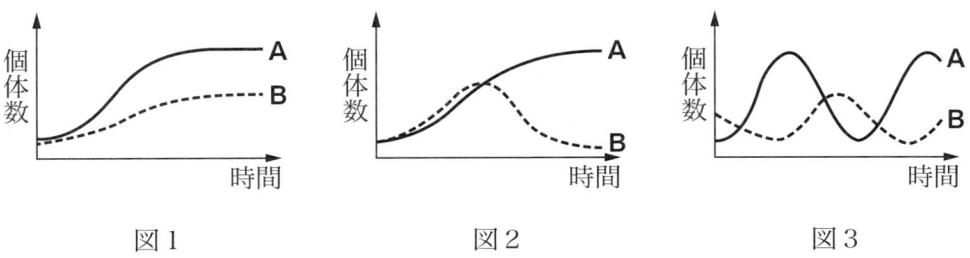

図1　　　　　　　図2　　　　　　　図3

a　競争（competition）の関係
b　すみわけ・食いわけ（habitat/food segregation）の関係
c　捕食－被食（predator－prey）の関係

	図1	図2	図3
①	a	b	c
②	a	c	b
③	b	a	c
④	b	c	a
⑤	c	a	b
⑥	c	b	a

問12 次の表は，地球上の主な生態系（ecosystem）における生産者の純生産量（net product）と現存量（standing crop）である。表中の a ～ c に入る生態系の組み合わせとして最も適当なものを，下の①～⑥の中から一つ選びなさい。 16

生態系	純生産量		現存量	
	平均値 (kg/(m²・年))	地球全体 (10^{12}kg/年)	平均値 (kg/m²)	地球全体 (10^{12}kg)
a	0.79	18.9	3.1	74
農耕地	0.65	9.1	1.0	14
b	0.15	55.0	0.01	3.9
湿地・湖沼・河川	1.13	4.5	7.5	30.1
c	1.40	79.9	29.8	1700

	a	b	c
①	海洋	森林	草原
②	海洋	草原	森林
③	森林	海洋	草原
④	森林	草原	海洋
⑤	草原	海洋	森林
⑥	草原	森林	海洋

問13 生物集団中には，通常たくさんの遺伝的変異が含まれており，その集団における個々の対立遺伝子の割合を遺伝子頻度（gene freqency）という。ある条件の下では，世代を経ても集団内の遺伝子頻度は変化しないことが分かっており，ハーディ・ワインベルグの法則（Hardy-Weinberg's law）とよばれている。次の問い(1), (2)に答えなさい。

(1) ある地域に生息する植物がもつ対立遺伝子 A，a について遺伝子型 AA，Aa，aa をもつ個体の数を調べたところ，それぞれ 250，200，50 であった。このとき対立遺伝子 A の遺伝子頻度として最も適当なものを，次の①〜⑧の中から一つ選びなさい。 17

① 0.50　② 0.60　③ 0.67　④ 0.70
⑤ 0.75　⑥ 0.80　⑦ 0.88　⑧ 0.90

(2) ハーディ・ワインベルグの法則が成り立つ条件として**誤っているもの**を，次の①〜⑤の中から一つ選びなさい。 18

① 集団の大きさが十分に大きい。
② 自然選択がはたらかない。
③ 集団内の個体が自由に交配する。
④ 集団内に突然変異が生じる。
⑤ 他の集団との間で個体の移出入が起こらない。

第 ⑦ 回 模擬試験

解答時間：40分

問1 次の図は、一般的な動物、植物、および細菌の細胞を構成する物質の割合を質量%で示したものである。A〜Dに該当する物質の組み合わせとして最も適当なものを、下の①〜⑨の中から一つ選びなさい。 1

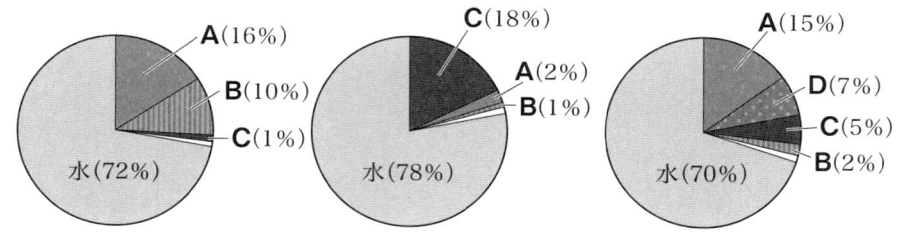

	A	B	C	D
①	炭水化物 (carbohydrate)	タンパク質 (protein)	脂質 (lipid)	核酸 (nucleic acid)
②	炭水化物	タンパク質	核酸	脂質
③	炭水化物	脂質	タンパク質	核酸
④	タンパク質	炭水化物	脂質	核酸
⑤	タンパク質	炭水化物	核酸	脂質
⑥	タンパク質	脂質	炭水化物	核酸
⑦	脂質	炭水化物	タンパク質	核酸
⑧	脂質	炭水化物	核酸	タンパク質
⑨	脂質	タンパク質	炭水化物	核酸

問2 タンパク質とその構造に関する記述として**誤っているもの**を，次の①～⑥の中から一つ選びなさい。　2

① タンパク質を熱で変性させると，タンパク質の立体構造が大きく変わる。

② あるアミノ酸（amino acid）のアミノ基（－NH$_2$）と別のアミノ酸のカルボキシ基（－COOH）が反応すると，水1分子が除かれて，ペプチド結合（peptide bond）ができる。

③ ジスルフィド結合（S－S結合）は，ポリペプチド鎖の中や，ポリペプチド鎖の間で形成される。

④ 離れたアミノ酸どうしが水素を介した弱い結合を形成することで，タンパク質は，より安定した構造をとっている。

⑤ 立体構造が変化することによって，タンパク質の機能が調節されることはない。

⑥ タンパク質には，その機能を果たすために金属イオン（metal ions）を必要とするものがある。

問3 次の図は，ATPの構造を示している。図の**A**，**B**で囲まれた部分，および**A**と**B**を合わせた**C**部分の名称の組み合わせとして正しいものを，下の①〜⑨の中から一つ選びなさい。 3

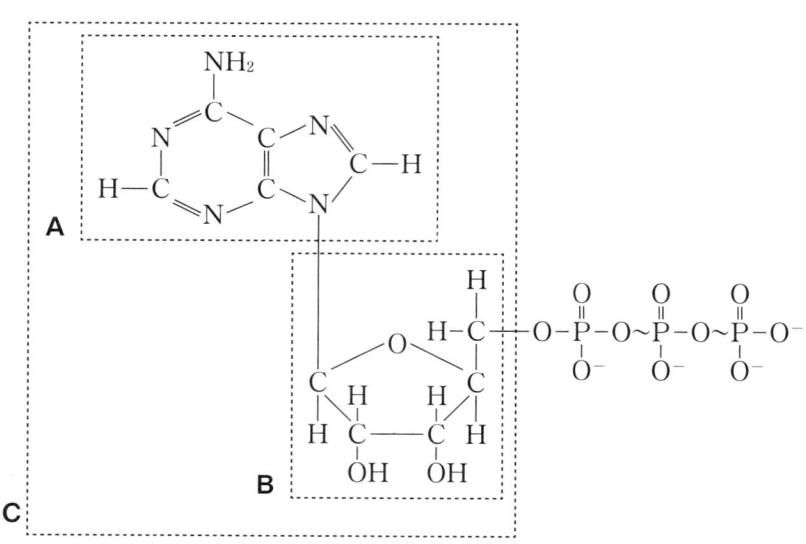

	A	B	C
①	アデニン（adenine）	アデノシン（adenosine）	リボース（ribose）
②	アデニン	リボース	アデノシン
③	アデノシン	アデニン	リボース
④	アデノシン	リボース	デオキシリボース（deoxyribose）
⑤	アデノシン	デオキシリボース	アデニン
⑥	リボース	アデノシン	デオキシリボース
⑦	リボース	デオキシリボース	アデノシン
⑧	デオキシリボース	アデニン	アデノシン
⑨	デオキシリボース	アデノシン	アデニン

問4 ATP合成酵素（ATP synthase）は，膜を隔てた水素イオン（H$^+$）の濃度勾配を利用して，ADPとリン酸（phosphoric acid）からATPを合成する酵素である。ATP合成酵素が存在する部位は，図に示す**A～E**の部位のうちどれか。また，ATP合成酵素によってATPが合成されるとき，水素イオンは図に示す**A～E**の部位のうち，どの部位からどの部位に移動するか。正しい組み合わせを，下の①～⑧の中から一つ選びなさい。　4

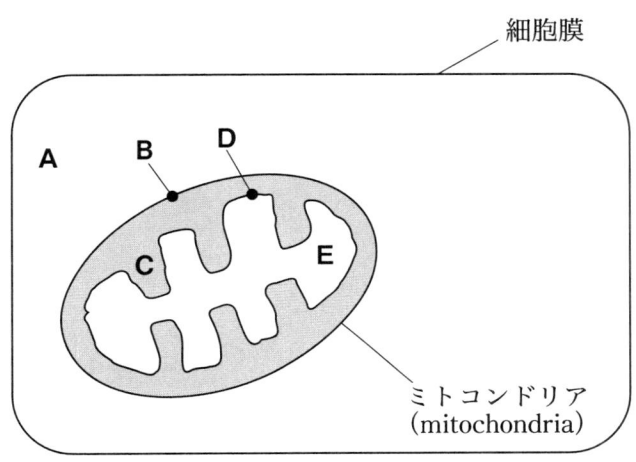

	ATP合成酵素の存在する部位	H$^+$の輸送
①	B	AからC
②	B	CからA
③	B	CからE
④	B	EからC
⑤	D	AからC
⑥	D	CからA
⑦	D	CからE
⑧	D	EからC

問5 次の文中の空欄 a ～ d にあてはまる語句の組み合わせとして正しいものを，下の①～⑥の中から一つ選びなさい。 5

ヒトゲノム（human genome）をつくるDNAは，すべて染色体（chromosome）の中に入っている。ヒトの場合，性別によって保有する染色体に違いがあり，全体では22種類の a と，X染色体とY染色体をあわせた24種類の染色体がある。ヒトのDNAは， b とよばれるタンパク質に巻きついて c を形成している。 c のつながりはさらに高度に折りたたまれて d 構造を形づくっている。 d 構造をとったDNAは，ふだんは核内に広がっているが，細胞分裂の際には凝集し，太い染色体となる。

	a	b	c	d
①	性染色体 (sex chromosome)	シャペロン (chaperone)	クロマチン (chromatin)	ヌクレオソーム (nucleosome)
②	性染色体	ヒストン (histone)	ヌクレオソーム	クロマチン
③	性染色体	ヒストン	クロマチン	ヌクレオソーム
④	常染色体 (autosome)	シャペロン	ヌクレオソーム	クロマチン
⑤	常染色体	ヒストン	クロマチン	ヌクレオソーム
⑥	常染色体	ヒストン	ヌクレオソーム	クロマチン

問 6 多細胞生物において，同一個体の体細胞は同じゲノムをもっている。しかしながら，ゲノムを構成する DNA から mRNA に転写（transcription）される遺伝子の種類は細胞の種類によって異なる。その理由として最も適当なものを，次の①～④の中から一つ選びなさい。　　　　　　　　　　　　　　　　　　　　　　　　　　　　　6

① 染色体（chromosome）の数が細胞の種類によって異なっている。

② 常染色体（autosoma）上の遺伝子の数が細胞の種類によって異なっている。

③ 調節タンパク質（regulatory protein）の種類や量が細胞の種類によって異なっている。

④ オペレーター（operator）の数が細胞の種類によって異なっている。

問7 次の図はある細胞の減数分裂（meiosis）の過程を示した模式図である。図のa～hを，減数分裂の進行する過程順に並べたものとして正しいものを，下の①～⑧の中から一つ選びなさい。　7

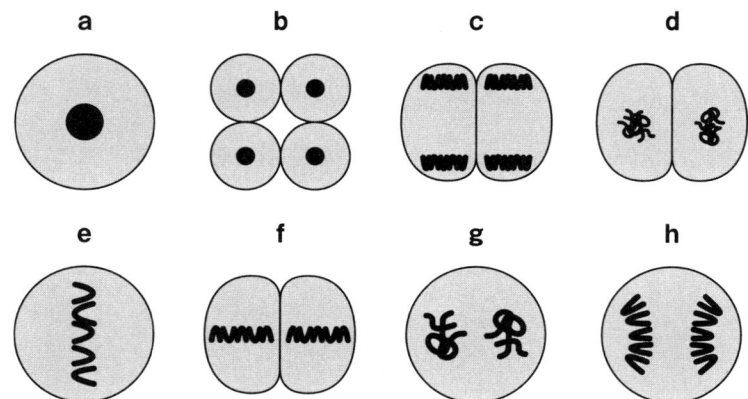

① a→g→h→e→d→f→c→b
② a→g→h→e→d→f→b→c
③ a→g→e→h→f→d→c→b
④ a→g→e→h→f→d→b→c
⑤ a→e→h→g→d→f→c→b
⑥ a→e→g→h→d→f→b→c
⑦ a→e→h→g→f→d→c→b
⑧ a→e→g→h→f→d→b→c

問8 次の図Ⅰ～Ⅳは，ある生物における遺伝子型（genotype）AaBbの染色体と遺伝子の関係について，考えられる組み合わせを示したものである。この個体と劣性（recessive）のホモ接合体（homozygote）（aabb）を交配したとき，次代の表現型の分離比は〔AB〕:〔Ab〕:〔aB〕:〔ab〕＝ 1 : 4 : 4 : 1 となった。交配に用いたAaBbの個体の染色体と遺伝子の関係を示していると考えられるのは，図のⅠ～Ⅳのどれか。最も適切なものを下の①～④の中から一つ選びなさい。ただし，二重乗換え（double crossing over）は起こらないものとする。　8

Ⅰ　　　　　Ⅱ　　　　　Ⅲ　　　　　Ⅳ

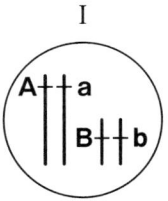 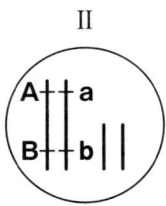 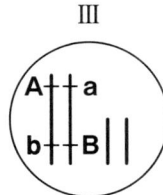 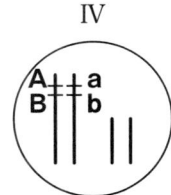

①　Ⅰ
②　Ⅱ
③　Ⅲ
④　Ⅳ

問9 次の文中の空欄 a ～ d にあてはまる語句の組み合わせとして正しいものを，下の①～⑥の中から一つ選びなさい。　9

動物の胚（embryo）では，発生（development）が進むにつれて，細胞と細胞の間での相互作用も行われるようになる。胚のある領域が，隣接する他の領域に作用して，その領域の分化を引き起こすはたらきを誘導（induction）という。カエル（frog）の胞胚（blastula）期では，植物極（vegetal pole）側の予定内胚葉（endoderm）が，隣接する予定 a 域の細胞にはたらきかけて b に分化させるはたらきが見られる。このような予定内胚葉のはたらきを c という。また，同じ胞胚期の背側の領域では， d とよばれる特別なはたらきをもつ中胚葉（mesoderm）ができ，原腸胚期に予定外胚葉（ectoderm）域を神経（nerve）に分化させる神経誘導を引き起こす。

	a	b	c	d
①	外胚葉	中胚葉	中胚葉誘導	形成体（organizer）
②	外胚葉	中胚葉	内胚葉誘導	誘導体（inducer）
③	外胚葉	内胚葉	外胚葉誘導	形成体
④	中胚葉	内胚葉	内胚葉誘導	誘導体
⑤	中胚葉	外胚葉	中胚葉誘導	形成体
⑥	中胚葉	外胚葉	外胚葉誘導	誘導体

⑤

問11 次の文は，体液（body fluid）の塩分濃度が，内分泌腺から分泌されるホルモン（hormone）によって調節されるしくみについて述べたものである。文中の空欄 a ～ d にあてはまる語句の組み合わせとして正しいものを，下の①～⑧の中から一つ選びなさい。 11

体液の塩分濃度は，間脳（interbrain）の視床下部（hypothalamus）によって常に感知されている。体液の塩分濃度が上昇すると， a から b が分泌され，腎臓（kidney）における水分の再吸収を促進する。一方，多量の水を飲むなどして体液の塩分濃度が低下した場合は， b の分泌が抑制されるとともに c から d が分泌され，腎臓でのナトリウムイオン（sodium ion）の再吸収とカリウムイオン（potassium ion）の排出を促進する。

	a	b	c	d
①	脳下垂体前葉 (anterior pituitary gland)	甲状腺刺激ホルモン (thyroid stimulating hormone)	副腎髄質 (adrenal medulla)	アドレナリン (adrenaline)
②	脳下垂体前葉	副腎皮質刺激ホルモン (adrenocorticotropic hormone)	副腎髄質	アドレナリン
③	脳下垂体後葉 (posterior pituitary gland)	バソプレシン (vasopressin)	副腎皮質 (adrenal cortex)	糖質コルチコイド (glucocorticoid)
④	脳下垂体後葉	バソプレシン	副腎皮質	鉱質コルチコイド (mineralocorticoid)
⑤	副腎髄質	アドレナリン	視床下部	放出ホルモン (thyrotropin-releasing hormon)
⑥	副腎髄質	アドレナリン	視床下部	放出抑制ホルモン (thyrotropin-inhibiting hormon)
⑦	副腎皮質	糖質コルチコイド	脳下垂体前葉	甲状腺刺激ホルモン
⑧	副腎皮質	鉱質コルチコイド	脳下垂体前葉	副腎皮質刺激ホルモン

問12 免疫（immunity）に関する次の記述**a**〜**d**のうち，正しい記述の組み合わせとして最も適当なものを，下の①〜⑧の中から一つ選びなさい。　12

a マクロファージ（macrophage），樹状細胞（dendritic cell），およびリンパ球（lymphocyte）は，外界から侵入した病原体を食作用（phagocytosis）により直接排除する。

b ヘルパーT細胞（helper T-cell）は，体液性免疫（humoral immunity）と細胞性免疫（cell-mediated immunity）の両方に関わる。

c B細胞は胸腺（thymus）に由来し，ヘルパーT細胞からの刺激により，抗体（antibody）を産生するようになる。

d キラーT細胞（killer T-cell）は胸腺で成熟し，ウイルス（virus）などに感染した細胞を攻撃する。

① a，b　　② a，c　　③ a，d　　④ b，c
⑤ b，d　　⑥ c，d　　⑦ a，b，c　　⑧ b，c，d

問13 ニューロン（neuron）は刺激を受けると，その細胞膜（cell membrane）の内外で電気的な変化が起こる。活動電位（action potential）に関する次の記述 **a〜e** のうち，**誤っているもの**の組み合わせを，下の①〜⑨の中から一つ選びなさい。 13

- **a** 刺激がある一定以上の強さでないと，いずれの神経細胞も活動電位を発生しない。
- **b** 刺激が強くなるほど，活動電位の発生頻度は高くなる。
- **c** イカ（squid）の巨大神経軸索（giant axon）は無髄神経（unmyelinated nerve）であるが，断面積が大きいので，イソギンチャク（sea anemone）などの無髄神経よりも活動電位の伝導速度は速い。
- **d** 髄鞘（myelin sheath）が絶縁体の役割を果たすため，有髄神経（myelinated nerve）は無髄神経よりも活動電位を速く伝えることができる。
- **e** 活動電位が発生するためには，ナトリウムポンプ（sodium pump）がはたらいて，Na^+ が細胞の外側から内側に向かって移動することが必要である。

①	a
②	b
③	c
④	d
⑤	e
⑥	a, c
⑦	b, d
⑧	a, c, e
⑨	b, c, d

問14 神経軸索（axon）の膜電位（membrane potential）の変化を測定する方法には，図1のように，微小電極を軸索の表面に置く方法**A**と，微小電極を軸索内に挿入する方法**B**がある。

方法**A**と**B**で電位を測定した結果はどのようになるか，それぞれ図2の**a**～**h**から選び，正しい組み合わせを下の①～④の中から一つ選びなさい。 14

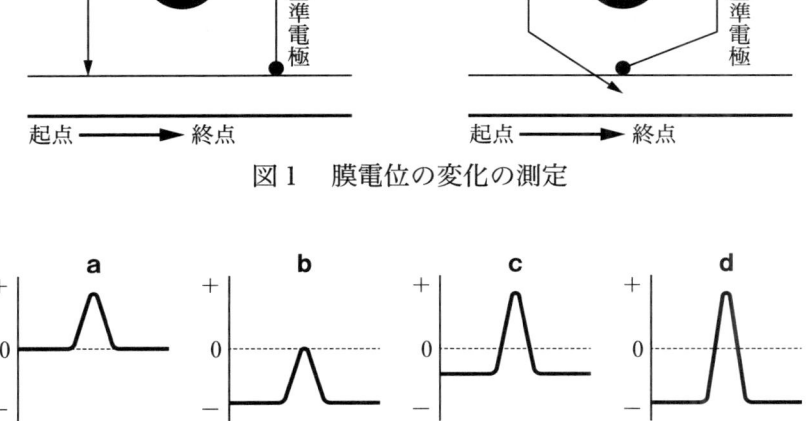

図1　膜電位の変化の測定

図2　膜電位の変化

※グラフに記録されている時間内に，図1の下の矢印（→）の起点から終点まで，右向きに興奮が伝導したものとする。

	方法**A**	方法**B**
①	e	d
②	f	c
③	g	b
④	h	a

問15 次の文の空欄 a ～ e に入る語句の正しい組み合わせを，下の①～⑧の中から一つ選びなさい。 15

植物の成長・発達は周囲の光環境によって調節される。さまざまな現象が光の作用を受けており，複数の光受容体（photorecepter）が知られている。フィトクロム（phytochrome）は Pr 型と Pfr 型の二つの型をとり，Pr 型は a を吸収すると Pfr 型に，Pfr 型は b を吸収すると Pr 型になる。 c 型は光発芽種子（photoblastic seed）の発芽（germination）促進などを行う。青色光を吸収するフォトトロピン（phototropin）は d の調節などに，同じく青色光を吸収するクリプトクロム（cryptochrome）は e の調節などにはたらく。

	a	b	c	d	e
①	赤色光	遠赤色光	Pr	光屈性（phototropism）	胚軸（hypocotyl）や茎の伸長
②	赤色光	遠赤色光	Pr	胚軸や茎の伸長	光屈性
③	赤色光	遠赤色光	Pfr	光屈性	胚軸や茎の伸長
④	赤色光	遠赤色光	Pfr	胚軸や茎の伸長	光屈性
⑤	遠赤色光	赤色光	Pr	光屈性	胚軸や茎の伸長
⑥	遠赤色光	赤色光	Pr	胚軸や茎の伸長	光屈性
⑦	遠赤色光	赤色光	Pfr	光屈性	胚軸や茎の伸長
⑧	遠赤色光	赤色光	Pfr	胚軸や茎の伸長	光屈性

問16 次の文中の空欄 a ～ c にあてはまる語句と，Ⅰ・Ⅱ にあてはまる曲線を図中のA～Dの中からそれぞれ選び，正しい組み合わせを下の①～⑥の中から一つ選びなさい。 16

　個体群（population）の大きさの程度を単位時間あたりの個体数の変化として表したグラフを a という。増殖率が一定であるような個体群では，理論上，図中の Ⅰ のような曲線を描いて個体数が変化していくが，現実には個体数が増加して高密度となると，一般的に死亡率は上昇，出生率は低下する。その結果，個体数の増加が b されるため，図中の Ⅱ のような曲線を描いて個体数が変化していくと予想される。このような密度の増加に伴う変化は， c とよばれている。

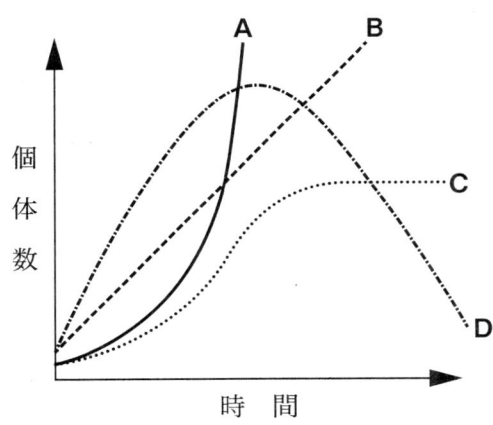

	a	b	c	Ⅰ	Ⅱ
①	生存曲線（survival curve）	促進	環境抵抗（environmental resistance）	D	A
②	生存曲線	抑制	密度効果（density effect）	A	C
③	生存曲線	促進	環境抵抗	D	C
④	成長曲線（growth curve）	抑制	密度効果	A	D
⑤	成長曲線	促進	環境抵抗	A	D
⑥	成長曲線	抑制	密度効果	A	C

問17 生物多様性（biodiversity）に関する記述 a〜f のうち，正しいものの組み合わせを下の①〜⑨の中から一つ選びなさい。 17

a ある種における個体間の遺伝的多様性（genetic diversity）は，その個体が環境変動を乗り越えて生存することによって高くなる。

b 生態系多様性（ecosystem diversity）は，その生態系に含まれる生物の種数と，それらの種が相対的に占める割合で決まる。

c ある個体群の遺伝的多様性が高いと，環境の変化に対応できる個体が存在する可能性が高いため，環境が変化してもその個体群は絶滅しにくい。

d 一般に，攪乱（disturbance）が中規模で適度にはたらく場合には，強い攪乱や弱い攪乱の場合に比べ，種多様性（species diversity）は低くなる。

e ある種で個体数が少なくなると，有害な遺伝子の蓄積が抑えられ，その種は絶滅しにくくなるため，種多様性の低下を抑えることができる。

f 生態系によって生息する生物は異なるため，ある地域の生態系多様性が高いと，その地域の種多様性も高い。

① a，b　　　② a，d　　　③ a，f
④ b，c　　　⑤ b，e　　　⑥ c，d
⑦ c，f　　　⑧ d，e　　　⑨ e，f

問18 ハーディ・ワインベルグの法則（Hardy-Weinberg's law）が成り立っている集団において，対立遺伝子（allele）Aとaがあるとする。遺伝子Aの遺伝子頻度（gene frequency）が0.7のとき，次世代のAA，Aa，aaの遺伝子型頻度の組み合わせとして適切なものを，次の①～⑧の中から一つ選びなさい。 18

	AA	Aa	aa
①	0.7	0.3	0.09
②	0.7	0.6	0.09
③	0.7	0.21	0
④	0.49	0.21	0.09
⑤	0.49	0.42	0.09
⑥	0.49	0.4	0
⑦	0.3	0.15	0
⑧	0.3	0.49	0.09

第 ⑧ 回　模擬試験

解答時間：40分

問1 試料 A, B, C, D の細胞（cell）の内部構造を電子顕微鏡で調べたところ、次のような特徴をもつ構造体 a〜f が観察された。a, b, c はいずれも二重膜（double membrane）で包まれており、さらに a には膜に孔があいていた。分裂時の細胞では、d の周りから紡錘糸（spindle fiber）が伸びていた。e は袋状の構造が層になっていた。f は試料 A では細胞内に散在し、試料 B, C, D では細胞質（cytoplasm）中に散在するものと小胞体（endoplasmic reticulum）に付着しているものが見られた。試料 A〜D におけるこれらの構造体の有無を整理したものが表1である。表中の + は存在すること示し、− は存在しないことを示す。試料 A〜D はサクラ（cherry tree）の葉、大腸菌（*Escherichia coli*）、マウス（mouse）の肝臓、シダ植物（fern）の根端分裂組織のいずれかであり、構造体 a〜f はミトコンドリア（mitochondrion）、リボソーム（ribosome）、核（nucleus）、葉緑体（chloroplast）、中心体（centrosome）、ゴルジ体（Golgi body）のいずれかである。試料 A〜D はそれぞれ何に相当するか。組み合わせとして正しいものを下の①〜⑧の中から一つ選びなさい。 **1**

表1 試料 A〜D の細胞小器官の有無

	構造体					
	a	b	c	d	e	f
試料 A	−	−	−	−	−	+
試料 B	+	+	+	−	+	+
試料 C	+	+	−	+	+	+
試料 D	+	+	−	−	+	+

	試料 A	試料 B	試料 C	試料 D
①	シダ植物の根	サクラの葉	大腸菌	マウスの肝臓
②	シダ植物の根	サクラの葉	マウスの肝臓	大腸菌
③	シダ植物の根	大腸菌	サクラの葉	マウスの肝臓
④	シダ植物の根	大腸菌	マウスの肝臓	サクラの葉
⑤	大腸菌	サクラの葉	マウスの肝臓	シダ植物の根
⑥	大腸菌	サクラの葉	シダ植物の根	マウスの肝臓
⑦	大腸菌	シダ植物の根	サクラの葉	マウスの肝臓
⑧	大腸菌	シダ植物の根	マウスの肝臓	サクラの葉

問2 次の文中の空欄 a ～ d にあてはまる語句または記号の組み合わせとして正しいものを，下の①～⑧の中から一つ選びなさい。 2

細胞内の化学反応には複数の酵素（enzyme）が関わっており，この酵素反応はさまざまなかたちで調節されている。基質（substrate）とよく似た立体構造の物質が存在すると，この物質が酵素の活性部位（active site）に結合し，基質が結合できなくなって酵素反応の進行が妨げられる。このような物質（阻害物質（inhibitor））による酵素反応の調節を a 阻害といい，この場合，酵素反応のグラフは下の図の b となる。これに対し，阻害物質が酵素の活性部位以外のところに結合し，酵素の立体構造を変化させて酵素反応を阻害することを c 阻害といい，グラフは下の図の d となる。

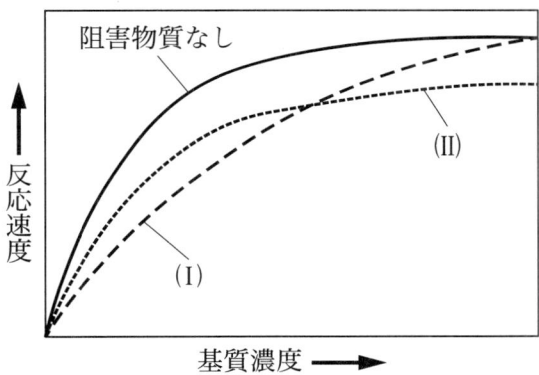

	a	b	c	d
①	競争的（competitive）	(I)	非競争的（non-competitive）	(II)
②	非競争的	(I)	競争的	(II)
③	競争的	(II)	非競争的	(I)
④	非競争的	(II)	競争的	(I)
⑤	フィードバック（feedback）	(I)	アロステリック	(II)
⑥	アロステリック（allosteric）	(I)	フィードバック	(II)
⑦	フィードバック	(II)	アロステリック	(I)
⑧	アロステリック	(II)	フィードバック	(I)

問3 次の図は葉緑体（chloroplast）の模式図である。下の **a〜e** の反応や現象は **X**，**Y** のどちらで行われているか。正しい組み合わせをあとの①〜⑧の中から一つ選びなさい。

3

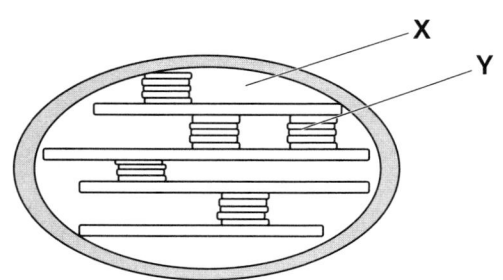

a 光リン酸化（photophosphorylation）により，ATP が合成される。

b 二酸化炭素（carbon dioxide）を固定（fixation）し，有機物（organic compound）が合成される。

c $NADP^+$ から NADPH が生じる反応が行われる。

d 水を分解し，酸素（oxygen）が生じる反応が行われる。

e NADPH から $NADP^+$ が生じる反応が行われる。

	a	b	c	d	e
①	X	Y	X	Y	Y
②	X	Y	X	Y	X
③	X	Y	Y	X	Y
④	X	Y	Y	X	X
⑤	Y	X	Y	Y	Y
⑥	Y	X	Y	Y	X
⑦	Y	X	Y	X	Y
⑧	Y	X	Y	X	X

問 4 次の図は，6 分子の二酸化炭素を固定した場合のカルビン・ベンソン回路（Calvin-Benson cycle）の模式図である。図中の **X ～ Z** の物質の炭素（carbon）数として正しいものの組み合わせを以下の①～⑥の中から一つ選びなさい。　　4

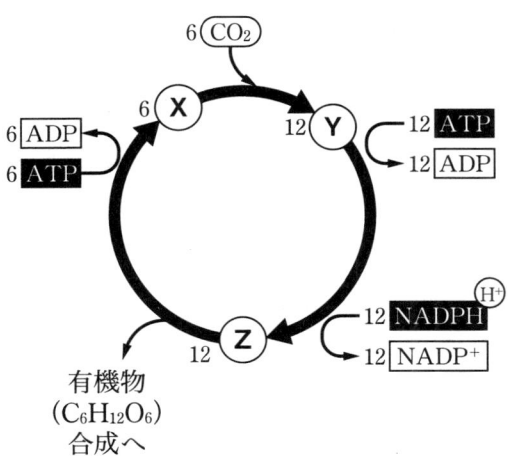

	X	Y	Z
①	1	2	1
②	1	1	2
③	3	2	2
④	3	2	3
⑤	5	3	5
⑥	5	3	3

問5 次の図は，原核生物（prokaryote）の遺伝子（gene）発現の過程を模式的に表したものである。図の説明として最も適当なものを，下の①～⑤の中から一つ選びなさい。 5

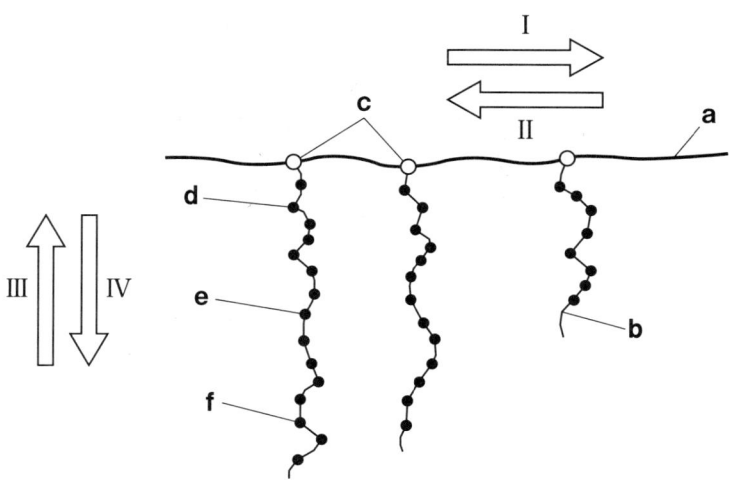

① 図のaの鎖はRNAを，そこから伸びたbの鎖はDNAを示している。
② 図のcはDNAポリメラーゼ（DNA polymerase）であり，aの鎖から遠い方のb鎖末端に開始コドン（start codon）がある。
③ 図のcはRNAポリメラーゼ（RNA polymerase）であり，遺伝子の転写（transcription）はⅠの方向に進行する。
④ 図のd，e，fはリボソーム（ribosome）であり，そのうち最も長いポリペプチド（polypeptide）と結合しているのはdである。
⑤ 図のd，e，fはリボソームであり，遺伝子の翻訳（translation）はⅣの方向に進行する。

問6 遺伝子の発現調節に関する次の文中の空欄 a ～ d に入る語句の組み合わせとして最も適当なものを，下の①～⑧の中から一つ選びなさい。 6

大腸菌（*Escherichia coli*）のラクトースオペロン（lactose operon）の転写調節においては， a 存在下で，調節因子であるリプレッサー（repressor）が b に結合するため，RNAポリメラーゼ（RNA polymerase）が機能せず，転写は起こらない。一方，培養液中に a がなくなり， c だけが存在する場合は，リプレッサーが d ことによって，RNAポリメラーゼが機能し，オペロンの構造遺伝子群の転写が始まる。

	a	b	c	d
①	ラクトース	プロモーター（promoter）	グルコース（glucose）	分解される
②	ラクトース	プロモーター	グルコース	結合部位から離れる
③	ラクトース	オペレーター（operator）	グルコース	分解される
④	ラクトース	オペレーター	グルコース	結合部位から離れる
⑤	グルコース	プロモーター	ラクトース	分解される
⑥	グルコース	プロモーター	ラクトース	結合部位から離れる
⑦	グルコース	オペレーター	ラクトース	分解される
⑧	グルコース	オペレーター	ラクトース	結合部位から離れる

問7　真核生物（eukaryote）の遺伝子（gene）発現に関する記述として**誤っているもの**を，次の①～④の中から一つ選びなさい。　　7

① 遺伝子が発現する際は，クロマチン繊維（chromatin fiber）の凝集がゆるむ。

② RNAポリメラーゼ（RNA polymerase）は基本転写因子（general transcription factor）とともに転写複合体（preinitiation complex）を形成してプロモーター（promoter）に結合する。

③ 選択的な遺伝子発現を行う遺伝子をハウスキーピング遺伝子（housekeeping gene）という。

④ ステロイドホルモン（steroid hormone）などは，転写調節因子（transcriptional regulator）として遺伝子発現の調節を行う。

問8　ある動物の体細胞の染色体（chromosome）の数は，雄では22本，雌では21本であった。この動物の性決定様式（sex determination）は何型か。次の①～④の中から一つ選びなさい。　　8

① 雄ヘテロ（hetero）型のXY型
② 雄ヘテロ型のXO型
③ 雌ヘテロ型のZW型
④ 雌ヘテロ型のZO型

問9　生殖（reproduction）に関する記述として最も適当なものを，次の①～⑤の中から1つ選びなさい。　　9

① 単細胞生物（unicellular organism）だけでなく，多細胞生物（multicellular organism）にも分裂（division）によって増殖するものがある。
② 親のからだがほぼ同じ大きさに分かれる増殖方法を出芽（budding）という。
③ 同形配偶子（isogamete）の接合（conjugation）では，接合子の遺伝子の構成は親と同じである。
④ 栄養生殖（vegetative reproduction）は，植物の生殖器官（reproductive organ）から新しい個体がつくられる生殖方法である。
⑤ 同じ親から無性生殖（asexual reproduction）によって生じた個体の集団は，遺伝的に多様な性質をもつ。

問10　被子植物（angiosperm）の種子（seed）と果実（fruit）に関する次の記述 **a**～**f** のうち正しいものの組み合わせを下の①～⑧の中から一つ選びなさい。　　10

a 重複受精（double fertilization）を経て，卵細胞（egg cell）と助細胞（synergid cell）が胚（embryo）になる。
b 重複受精を経て，中央細胞（central cell）が胚乳（albumen）になる。
c 無胚乳種子（exalbuminous seed）では，種子に養分が蓄えられない。
d 有胚乳種子（albuminous seed）では，子葉（cotyledon）の中に胚乳が蓄えられる。
e 子房壁（ovary wall）が果皮（pericarp）になる。
f 珠皮（integument）が果皮になる。

① a，e　　② a，f　　③ b，e　　④ b，f
⑤ c，e　　⑥ c，f　　⑦ d，e　　⑧ d，f

問11 肝臓（liver）の構造に関する次の文中の空欄 a ～ c に入る語句の組み合わせとして最も適当なものを，下の①～⑥の中から一つ選びなさい。 11

　肝臓は血液（blood）によって大量に運ばれてくるさまざまな物質を，体に適したものにつくり変える反応を行っている。肝臓には二つの血管（blood vessel）を通して血液が流れ込んでおり，そのうちの一つは動脈血（arterial blood）が流れ込む a で，もう一つは脾臓（spleen）や消化管（digestive tract）から静脈血（venous blood）が流れ込む b である。肝臓は，1 mmほどの大きさの肝小葉（hepatic lobule）が集まってできており， a と b はそれぞれ枝分かれして類洞（sinusoid）とよばれる毛細血管（capillary vessel）となり，肝小葉の中を通る。類洞を流れる血液は，肝小葉の中心にある静脈に集まり，他の肝小葉からの血液とともに c を経て心臓へもどる。

	a	b	c
①	肝門脈 (hepatic portal vein)	肝静脈 (hepatic vein)	肝動脈 (hepatic artery)
②	肝門脈	肝動脈	肝静脈
③	肝動脈	肝門脈	肝静脈
④	肝動脈	肝静脈	肝門脈
⑤	肝静脈	肝動脈	肝門脈
⑥	肝静脈	肝門脈	肝動脈

問12 血糖量（blood glucose level）調節に関して，次の文中の空欄 a ～ e に入る語句の組み合わせとして最も適当なものを，下の①～⑧の中から一つ選びなさい。

12

血糖量が a すると， b が刺激されて， c が興奮する。その結果，すい臓（pancreas）のランゲルハンス島（islets of Langerhans）の d 細胞からグルカゴン（glucagon）が分泌され，血糖量が e する。

	a	b	c	d	e
①	増加	間脳（interbrain）の視床下部（hypothalamus）	交感神経（sympathetic nerve）	A	減少
②	増加	間脳の視床下部	副交感神経（parasympathetic nerve）	B	減少
③	増加	脳下垂体（pituitary gland）	交感神経	A	減少
④	増加	脳下垂体	副交感神経	B	減少
⑤	減少	視床下部	交感神経	A	増加
⑥	減少	視床下部	副交感神経	B	増加
⑦	減少	脳下垂体	交感神経	A	増加
⑧	減少	脳下垂体	副交感神経	B	増加

問13 自己と非自己の識別に関する次の①～⑤の記述のうち，**誤っているもの**を一つ選びなさい。　13

① 食細胞（phagocyte）には異物を認識するための受容体（receptor）があり，マクロファージ（macrophage）の受容体は Toll 様受容体（Toll-like receptor）とよばれている。

② 病原体を認識したマクロファージは活性化し，サイトカイニン（cytokinin）とよばれる情報伝達物質（signal transmitter）を分泌する。

③ マクロファージが分泌する情報伝達物質は，炎症反応（inflammatory response）や免疫細胞の活性化（activation）などを引き起こす。

④ 樹状細胞（dendritic cell）は，食作用（phagocytosis）によって取り込んだ抗原を，細胞表面の MHC 抗原（major histocompatibility complex, MHC）を用いて提示する。

⑤ T 細胞は細胞ごとに異なる T 細胞受容体（T cell receptor）をもつ。

問14 次の図は，ヒトの眼（eye）の水平断面における，網膜（retina）上での位置と視細胞（visual cell）数との関係を示している。この図について述べた文a〜eのうち**誤っているもの**の組み合わせを，下の①〜⑨の中から一つ選びなさい。 14

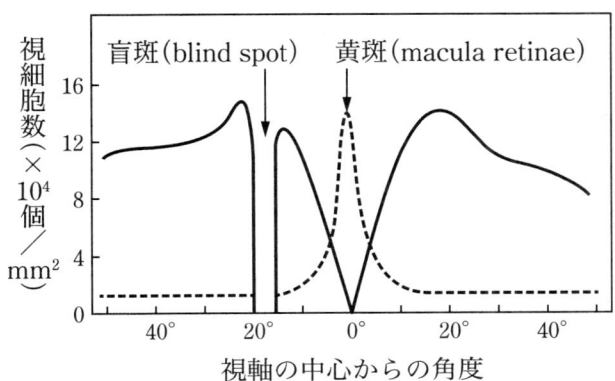

a 視軸（visual axis）の中心より左側に盲斑があるので，鼻は左側にある。

b 黄斑には錐体細胞（cone cell）が特に多く分布し，桿体細胞（rod cell）は網膜の周辺部に多く分布している。

c 盲斑には視細胞が分布しないため，この部分に光があたっても受容されない。

d 視軸の中心から20°付近（盲斑を除く）では最も視細胞が多いため，この部分の色覚が最も鋭敏である。

e 視軸の中心には，一方の視細胞しか存在しないため，この部分では色覚を生じない。

①	a
②	b
③	c
④	d
⑤	e
⑥	a，d
⑦	b，e
⑧	c，d
⑨	d，e

問15 次の文は，気孔（stoma）の開閉について述べたものである。文中の空欄 a ～ e にあてはまる語句の正しい組み合わせを下の①〜⑧の中から一つ選びなさい。

15

植物の葉（leaf）には，2個の孔辺細胞（guard cell）に囲まれたすき間である気孔が存在する。植物は気孔を開閉することによって，植物体内の水分量を調節したり，光合成（photosynthesis）のための気体を交換したりする。気孔を開くときには，孔辺細胞が a する。孔辺細胞では，気孔側の細胞壁（cell wall）が b ため， a して c が上昇すると細胞が湾曲して気孔が開く。一方，気孔を閉じるときは， d が合成され，そのはたらきによって孔辺細胞は e し， c が低下して気孔が閉じる。

	a	b	c	d	e
①	脱水	伸びやすい	膨圧 (turgor pressure)	アブシシン酸 (abscisic acid)	吸水
②	脱水	伸びやすい	浸透圧 (osmotic pressure)	ジベレリン (gibberellin)	吸水
③	脱水	伸びにくい	膨圧	ジベレリン	吸水
④	脱水	伸びにくい	浸透圧	ジベレリン	吸水
⑤	吸水	伸びやすい	膨圧	アブシシン酸	脱水
⑥	吸水	伸びやすい	浸透圧	アブシシン酸	脱水
⑦	吸水	伸びにくい	膨圧	アブシシン酸	脱水
⑧	吸水	伸びにくい	浸透圧	ジベレリン	脱水

問16 さまざまな食物を広く利用する生物種と特定の食物のみを利用する生物種を比べたとき，特定の食物のみを利用する生物種の特徴として最も適当なものを，次の①～④の中から一つ選びなさい。16

① 他種とのニッチ（niche）の重なりが大きいため，種間競争（interspecific competition）の影響を受けやすい。

② 他種とのニッチの重なりが小さいため，種間競争の影響を受けにくい。

③ 食物連鎖（food chain）の栄養段階が高いため，病気による死亡が起こりやすい。

④ 食物連鎖の栄養段階が低いため，被食による死亡が起こりにくい。

問17 次の文中の空欄 a ～ c にあてはまる語句の正しい組み合わせを下の①～⑧の中から一つ選びなさい。

17

北アメリカに生息するある種のアブラムシ（aphid）は，マメ科植物（legume）を食物として利用している。このアブラムシにはクローバー（clover）のみを食物として利用する集団と，アルファルファ（alfalfa）のみを食物として利用する集団がいる。このアブラムシは食物として利用する植物の葉や茎の上で繁殖も行うため，クローバーを利用するアブラムシ集団とアルファルファを利用するアブラムシ集団の間で， a が生じにくくなっている。さらに， a が生じても生存率（survival rate）や生殖能力が b 子が生まれる確率が高い。これらのことから，クローバーを利用する集団と，アルファルファを利用する集団とは， c の途中段階にあると考えられる。

	a	b	c
①	交雑（crossing）	高い	種分化（speciation）
②	交雑	高い	共進化（coevolution）
③	交雑	低い	種分化
④	交雑	低い	共進化
⑤	生殖隔離（reproductive isolation）	高い	種分化
⑥	生殖隔離	高い	共進化
⑦	生殖隔離	低い	種分化
⑧	生殖隔離	低い	共進化

問18 アブラムシ（aphid）にはマメ科植物（legume）を利用する種のほかに，別の植物を利用する種がいる。5種の植物A～Eのみをそれぞれ利用する5種のアブラムシの間の系統関係を明らかにするため，同じDNA領域の1000塩基対（base pair）について，種間で配列を比較して異なる塩基の数（塩基の相違数）を数えたところ，次の表の結果が得られた。この結果から導かれる，5種のアブラムシの系統樹（phylogenetic tree）として最も適当なものを，下の①～⑤の中から一つ選びなさい。ただし，表と系統樹のいずれにおいても，利用する植物種のアルファベット（種A～E）でアブラムシの各種を示す。また，植物Eを利用するアブラムシ（種E）は最も早く枝分かれした種であることがわかっているとする。

| 18 |

表　アブラムシ5種間の塩基の相違数（表の読み方の例：種Aと種Bの間の塩基の相違数は5である）

種B	5			
種C	13	12		
種D	9	8	12	
種E	17	16	16	16
	種A	種B	種C	種D

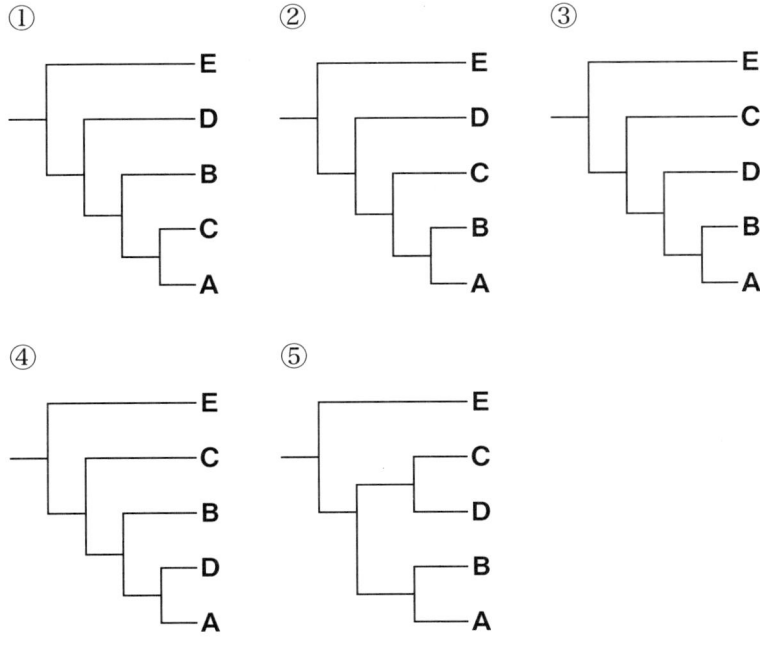

第 ⑨ 回 模擬試験

解答時間：40分

問1 生体膜（biomembrane）に関する記述として**誤っているもの**を，次の①～⑥の中から一つ選びなさい。　　　　　　　　　　　　　　　　　　　　　　　1

① 生体膜の主要な構成物質はリン脂質（phospholipid）であり，生体膜はリン脂質分子が二層に並んだ構造をとっている。

② リン脂質分子は，分子内に親水性の（hydrophilic）部分と疎水性の（hydrophobic）部分をもち，疎水性の部分を内側に向けて並んでいる。

③ 生体膜に含まれるタンパク質（protein）は，膜の中を比較的自由に動くことができる。

④ 生体膜を通過できるのは，酸素（oxygen）や水などの非常に小さい分子や，脂溶性の（lipophilic）分子の中で比較的小さなものなどである。

⑤ 生体膜に存在するチャネル（channel）や担体（carrier）は主に受動輸送（passive transport）に，ポンプ（pump）は主に能動輸送（active transport）に関与している。

⑥ 水溶性ホルモン（water-soluble hormone）の受容体（receptor）は細胞表面にあり，脂溶性ホルモン（lipophilic hormone）の受容体は細胞内にある。

問2 動物の組織（tissue）では，同じ種類の細胞が互いを認識して膜タンパク質で結合する。これを細胞間結合（cell junction）という。上皮組織（epithelial tissue）にみられる細胞間結合には，大きく分けて密着結合（tight junction），固定結合（anchoring junction），ギャップ結合（gap junction）の3種類がある。次の記述 a～c は，どの細胞間結合について述べたものか。正しいものの組み合わせを下の①～⑥の中から一つ選びなさい。 **2**

a．隣接した細胞の細胞質（cytoplasm）が，細胞膜（cell membrane）を貫通する中空のタンパク質によってつながっており，ここを低分子の物質や無機イオン（inorganic ion）が直接移動することができる。

b．細胞膜を貫通する接着タンパク質によって，細胞どうしが，小さな分子も通れないほどしっかりと結合している。

c．接着タンパク質による結合に加え，接着タンパク質と細胞骨格（cytoskeleton）が結合し，伸縮性や強度を与えている。

	a	b	c
①	密着結合	固定結合	ギャップ結合
②	密着結合	ギャップ結合	固定結合
③	固定結合	密着結合	ギャップ結合
④	固定結合	ギャップ結合	密着結合
⑤	ギャップ結合	密着結合	固定結合
⑥	ギャップ結合	固定結合	密着結合

問3 次の文中の　a　〜　f　に入る語の組み合わせとして最も適当なものを，下の①〜⑧の中から一つ選びなさい。　**3**

　細菌（bacteria）の中には，光合成（photosynthesis）を行うものがいる。紅色硫黄細菌（purple sulfur bacteria）などは，電子伝達系（electron transport system）の出発物質として，水ではなく　a　などを利用する。また，植物のクロロフィル（chlorophyll）とは少し構造の異なる　b　とよばれる光合成色素を利用して光合成を行う。これらの細菌を　c　という。一方，ネンジュモなどのシアノバクテリア（cyanobacteria）は，光合成色素として　d　をもち，光化学系Ⅰ（photosystem I）と光化学系Ⅱを使い，植物とよく似た光合成を行う。また，細菌の中には無機物（inorganic substance）を酸化したときに放出されるエネルギーを用いて炭酸同化（carbon dioxide assimilation）を行うものがいる。このようなはたらきを　e　といい，これを行う細菌を　f　という。

	a	b	c	d	e	f
①	硫酸	クロロフィルa	光合成細菌	バクテリオクロロフィル	化学合成	化学合成細菌
②	硫酸	バクテリオクロロフィル	光合成細菌	クロロフィルa	化学合成	化学合成細菌
③	硫酸	クロロフィルa	化学合成細菌	バクテリオクロロフィル	光合成	光合成細菌
④	硫酸	バクテリオクロロフィル	化学合成細菌	クロロフィルa	光合成	光合成細菌
⑤	硫化水素	クロロフィルa	光合成細菌	バクテリオクロロフィル	化学合成	化学合成細菌
⑥	硫化水素	バクテリオクロロフィル	光合成細菌	クロロフィルa	化学合成	化学合成細菌
⑦	硫化水素	クロロフィルa	化学合成細菌	バクテリオクロロフィル	光合成	光合成細菌
⑧	硫化水素	バクテリオクロロフィル	化学合成細菌	クロロフィルa	光合成	光合成細菌

※硫酸（sulfuric acid）　　光合成細菌（photosynthetic bacteria）
　バクテリオクロロフィル（bacteriochlorophyll）　　化学合成（chemosynthesis）
　化学合成細菌（chemosynthetic bacteria）　　硫化水素（hydrogen sulfide）

問4　次の図は，生物界における代謝（metabolism）の一部を表したものである。図中のa〜dの過程を一般に何というか。組み合わせとして正しいものを下の①〜⑥の中から一つ選びなさい。 4

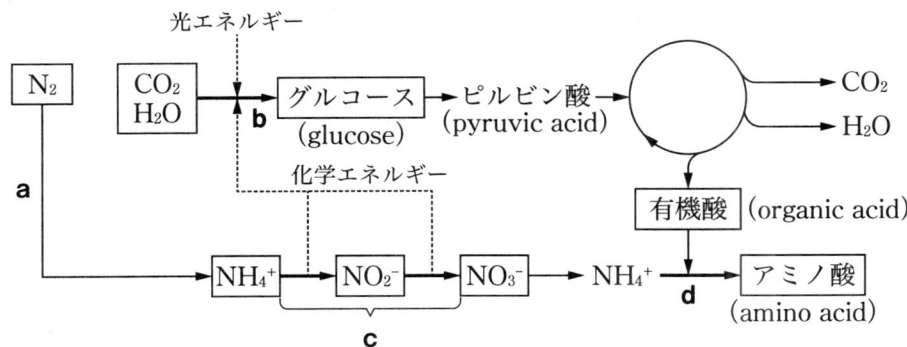

	a	b	c	d
①	窒素同化（nitrogen assimilation）	炭酸異化（carbon dioxide dissimilation）	窒素固定（nitrogen fixation）	窒素固定
②	窒素固定	炭酸異化	脱窒（denitrification）	窒素同化
③	アンモニア化（ammonification）	炭酸異化	硝化（nitrification）	窒素固定
④	アンモニア化	炭酸同化（carbon dioxide assimilation）	窒素固定	窒素同化
⑤	窒素同化	炭酸同化	脱窒	窒素固定
⑥	窒素固定	炭酸同化	硝化	窒素同化

問5 ABO式血液型（blood group）の対立遺伝子（allele）には，A，B，Oの3つがあり，A＝B＞Oという優劣関係がある。遺伝子A，B，Oの塩基配列（base sequence）の違いは，制限酵素（restriction enzyme）による遺伝子の切断位置の変化につながることが分かっている。例えば，各遺伝子の7番目のエキソン（exon）は690塩基対からなる。遺伝子Aと遺伝子Oではこの部分の塩基配列が同じであるが，遺伝子Bでは異なっている。そのため，遺伝子Aおよび遺伝子Oは制限酵素Xによって，一方，遺伝子Bは制限酵素Yによって，それぞれ1か所で切断される。逆に，遺伝子Aおよび遺伝子Oは制限酵素Yによっては切断されず，遺伝子Bは制限酵素Xによって切断されない。この他に，遺伝子Aと遺伝子Oとの間で制限酵素による遺伝子の切断位置が異なる部分も知られており，この違いを用いて遺伝子型（genotype）を確定することができる。

下線部について，ある4人家族の父，母，および子1，子2からDNAを採取し，PCR法により7番目のエキソンにあたる部分を増幅してDNA試料を得た。これを制限酵素XあるいはYにより処理し，ゲル電気泳動法（electrophoresis）によりDNA断片の切断位置を調べたところ，次の図の結果1〜4を得た。結果1〜4はこの4人家族のいずれかひとりずつに対応している。子1の血液型がA型であるとき，子1の結果を示すものを，下の①〜④（結果1〜4）の中から一つ選びなさい。**5**

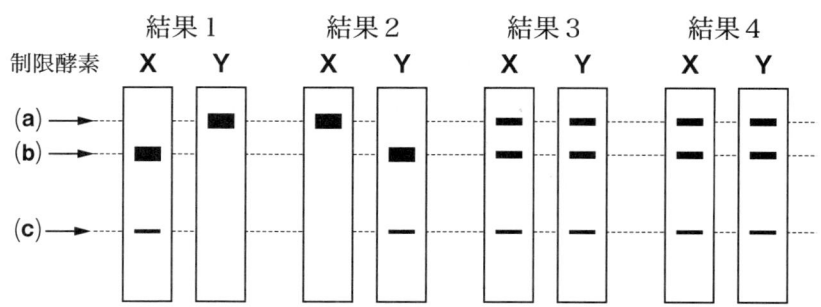

図　制限酵素XとYで処理したDNA試料のゲル電気泳動結果の模式図
(a)は690塩基対，(b)は540塩基対，(c)は150塩基対のDNA断片の泳動位置を示す。

① 結果1　　② 結果2　　③ 結果3　　④ 結果4

問6 次のような方法で，キメラマウス（chimeric mouse）を作製した。

〔**キメラマウスの作製方法**〕遺伝子型（genotype）AAの黒毛系統マウスの受精卵（fertilized egg）を培養し，胚盤胞（blastocyst）の内部細胞塊（inner cell mass）から取り出した細胞から，胚性幹細胞（embryonic stem cell＝ES細胞）をつくった。このES細胞を，遺伝子型 aa の白毛系統マウスの胚盤胞に注入し，別の白毛マウスの子宮に移植した。移植した胞胚（blastula）は正常に発生（development）が進行し，黒毛と白毛の混じったキメラマウスが生まれた。

このキメラマウスの雌を白毛系統のマウスの雄と交配して得た次世代の個体についての記述として正しいものを，次の①〜④の中から一つ選びなさい。 6

① 白毛，黒毛，キメラマウスの3種類の個体が生じる可能性がある。
② 白毛個体が生じることはない。
③ 黒毛個体が生じることはない。
④ キメラマウスが生じることはない。

問7 図1はイモリの胞胚（blastula）であり，その表面を無害な色素で局所的に染め，それらの箇所に **a〜f** の記号を付けた。図2は尾芽胚（tail bud）になったときの，頭部から尾部にかけての縦断面図であり，図1の **a〜f** はそれぞれ図2のⅠ〜Ⅵのいずれかに1対1で対応している。図1の **a**，**c**，**e** の位置の色素は図2のⅠ〜Ⅵのどの位置に移動したか，それぞれ最も適切な位置の組み合わせを下の①〜⑧の中から一つ選びなさい。　[7]

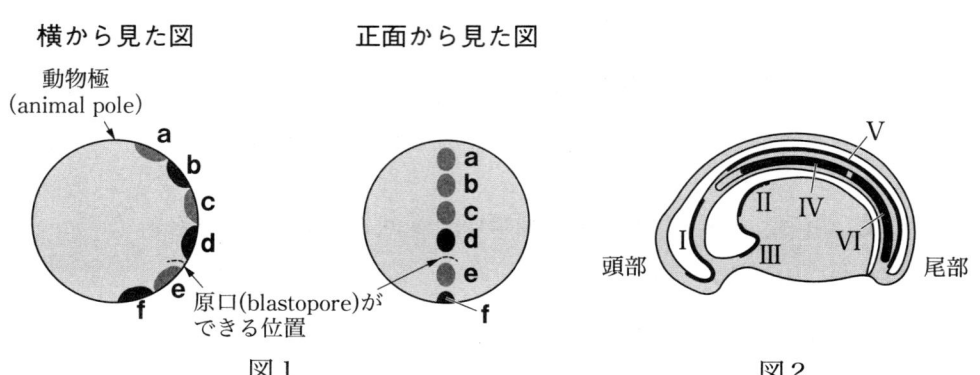

図1　　　　　　　　　　　図2

	a	c	e
①	Ⅰ	Ⅳ	Ⅱ
②	Ⅰ	Ⅳ	Ⅲ
③	Ⅰ	Ⅴ	Ⅱ
④	Ⅲ	Ⅴ	Ⅳ
⑤	Ⅲ	Ⅵ	Ⅱ
⑥	Ⅲ	Ⅵ	Ⅳ
⑦	Ⅲ	Ⅴ	Ⅱ
⑧	Ⅲ	Ⅴ	Ⅰ

問8 発生過程では，部域や段階に応じてさまざまな遺伝子が発現している。下記の文中の空欄 a ～ d にあてはまる遺伝子（群）の名称として正しい組合せを，①～⑧の中から一つ選びなさい。　　8

ショウジョウバエのからだの前後や端を決める遺伝子の mRNA は卵形成中に合成されて蓄積しており，母性効果遺伝子（maternal effect gene）とよばれる。受精後，翻訳（translation）が起こり，合成されたタンパク質が卵内で濃度勾配（concentration gradient）をつくると，胚の前後軸（antero-posterior axis）が形成される。次にはたらくのが分節遺伝子（segmentation gene）である。最初に，前後軸に沿って約10種類の a 遺伝子が発現（expression）し，続いて複数の b 遺伝子が発現する。次に c 遺伝子がそれぞれの体節（segment）の特定の位置で発現し，14 の体節が形成される。これらの体節は， d 遺伝子の発現によって分化が決定され，特有の形態へと変化していく。

	a	b	c	d
①	セグメントポラリティ (segment polarity)	ペアルール (pair rule)	ギャップ (gap)	ホメオティック (homeotic)
②	セグメントポラリティ	ホメオティック	ギャップ	ペアルール
③	ペアルール	セグメントポラリティ	ホメオティック	ギャップ
④	ペアルール	ホメオティック	セグメントポラリティ	ギャップ
⑤	ギャップ	セグメントポラリティ	ペアルール	ホメオティック
⑥	ギャップ	ペアルール	セグメントポラリティ	ホメオティック
⑦	ホメオティック	ギャップ	ペアルール	セグメントポラリティ
⑧	ホメオティック	ギャップ	セグメントポラリティ	ペアルール

問9 被子植物（angiosperm）の子房（ovary）の中の胚珠（ovule）では，胚のう母細胞（embryo-sac mother cell）が減数分裂（meiosis）を行い，4個の娘細胞（daughter cell）ができ，この中の1個が胚のう細胞（embryo-sac cell）として残る。胚のう細胞の核（nucleus）は連続して3回分裂し，8個の核をもつ胚のう（embryo sac）となる。成熟した胚のうでは，8個の核のうち6個の核のまわりが細胞膜（cell membrane）で仕切られ，1個の卵細胞（egg cell）とその両脇の2個の助細胞（synergid），3個の反足細胞（antipodal cell）が生じる。胚の残りの大部分の細胞質（cytoplasm）を含む細胞は中央細胞（central cell）とよばれ，2個の核をもつ。

図1は卵細胞形成のときの核あたりのDNA量の変化を示したものである。また，図2は1個の細胞に含まれる染色体（chromosome）の組み合わせを模式的に示したものである。**胚のう細胞**にあたるのは図1のⅠ～Ⅳのどれか。また，その胚のう細胞に含まれる染色体は図2のどれに相当するか。組み合わせとして正しいものを下の①～⑨の中から一つ選びなさい。 9

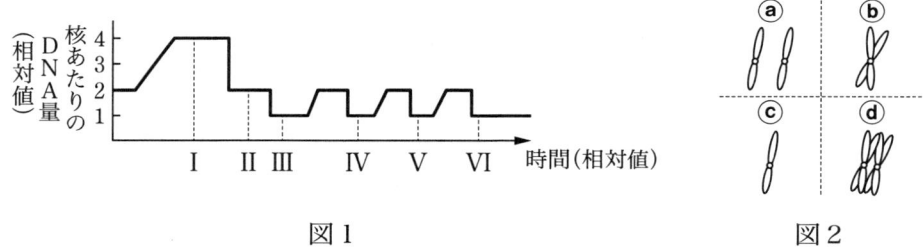

図1　　　　　　　　　図2

① Ⅱ，ⓐ　　　　② Ⅱ，ⓑ　　　　③ Ⅱ，ⓓ
④ Ⅲ，ⓑ　　　　⑤ Ⅲ，ⓒ　　　　⑥ Ⅲ，ⓓ
⑦ Ⅳ，ⓐ　　　　⑧ Ⅳ，ⓑ　　　　⑨ Ⅳ，ⓒ

問10 被子植物（angiosperm）の生殖・発生に関する記述として**誤っているもの**を次の①〜⑥のうちから一つ選びなさい。　10

① 精細胞（sperm cell）は，雄原細胞（generative cell）が体細胞分裂（mitosis）を行って形成される。

② 雄原細胞の核相（nuclear phase）（染色体の構成）は，nである。

③ 成熟した花粉（pollen）には，花粉管核（pollen-tube nucleus）が1個と雄原細胞が1個存在する。

④ ある種子の胚乳核（胚乳細胞）（endosperm nucleus）の遺伝子型（genotype）がDDdであれば，その胚の細胞の核の遺伝子型はDdである。

⑤ 重複受精（double fertilization）の後，3個の反足細胞（antipodal cell）はすべて退化する。

⑥ 胚乳が未発達な状態で種子（seed）が完成する植物では，子葉（cotyledon）は栄養を蓄えるために退化し，その代わり幼芽（plumule）が発達している。

問11 ヒトの恒常性（homeostasis）を維持するしくみに関して，次の図を用いて説明した。下の文中の空欄 a ～ d に入る語の組み合わせとして最も適当なものを，以下の①～⑧の中から一つ選びなさい。なお，g と h は神経分泌細胞（neurosecretory cell）を，i と j は脳下垂体（pituitary gland）の各部分を，矢印は毛細血管（capillary）中の血液（blood）の流れる方向を示している。 11

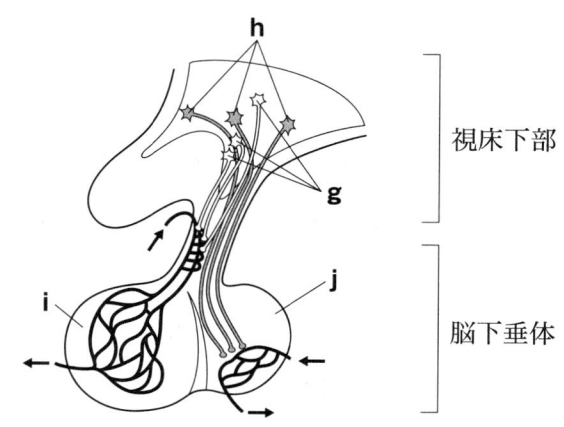

図　ヒトの視床下部と脳下垂体

血液中の甲状腺ホルモン（thyroid hormone）濃度が増加すると， a からの放出ホルモンの分泌（secretion）が b される。その結果， c からの甲状腺刺激ホルモン（thyroid stimulating hormone）の分泌が d され，血液中の甲状腺ホルモン濃度は低下する。

	a	b	c	d
①	g	促進	j	促進
②	g	促進	i	抑制
③	g	抑制	j	促進
④	g	抑制	i	抑制
⑤	h	促進	j	促進
⑥	h	促進	i	抑制
⑦	h	抑制	j	促進
⑧	h	抑制	i	抑制

問12 次の図の曲線a〜cは，それぞれヒトの母体と胎児（fetus），および成人の動脈血（arterial blood）に含まれるヘモグロビン（hemoglobin）の酸素解離曲線（oxygen dissociation curve）を示したものである。太い上向き矢印は，それぞれヒトの肺胞（alveoli），胎盤（placenta），組織（tissue）における酸素濃度の相対値（relative values of oxygen concentration）を示す。胎盤での酸素のやりとりについて述べた下の文中の空欄 I 〜 IV に入る語句および曲線a〜cの組み合わせとして最も適切なものを，あとの①〜⑥の中から一つ選びなさい。 12

哺乳類（mammals）の胎児は，肺ではなく胎盤で酸素を受け取る。妊娠中のヒト（母親）の血液は曲線 I のような性質を示し，胎盤で酸素を II 傾向が通常の血液より強まっていることが分かる。一方，胎児の血液は III のような曲線をもっており，なるべく多くのヘモグロビンが酸素を IV 傾向が強いことが分かる。

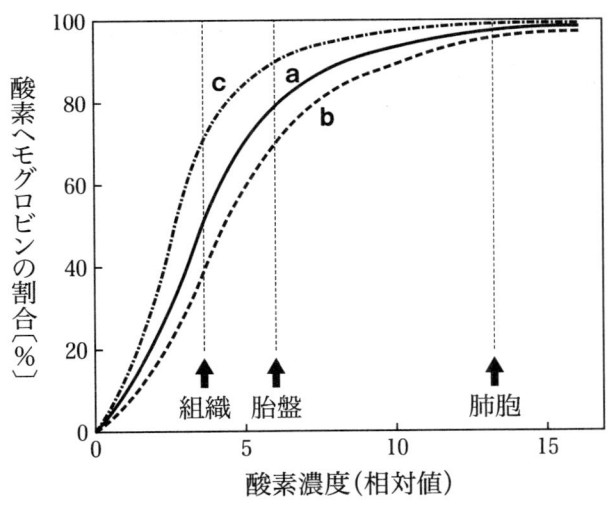

	I	II	III	IV
①	a	積み込む	b	積み込む
②	a	積み込む	b	放す
③	b	放す	c	積み込む
④	b	放す	c	放す
⑤	c	積み込む	a	積み込む
⑥	c	放す	a	放す

問13 ヒトの神経系（nervous system）に関する記述として最も適当なものを，次の①〜⑥のうちから一つ選びなさい。 13

① 中枢神経系（central nervous system）は，脳（brain）にある神経細胞（neuron）のみから構成される。

② 大脳（cerebrum）の新皮質（neocortex）には，視覚（visual sense）などの感覚中枢と本能行動に関する中枢がある。

③ 間脳（interbrain）の視床下部（hypothalamus）は，大脳に伝わる興奮（excitation）を中継する。

④ 延髄（medulla oblongata）には，呼吸運動，心臓の拍動（heart beat），血管の収縮などを調節する中枢がある。

⑤ 脊髄（spinal cord）の内側には神経繊維が束になった白質（white matter），外側には細胞体（cell body）が集まった灰白質（gray matter）がある。

⑥ 感覚神経（sensory nerve）は腹根（ventral root）を通って脊髄に入り，運動神経（motor nerve）は背根（dorsal root）を通って脊髄を出る。

問14 骨格筋（skeletal muscle）では，運動神経（motor nerve）からの刺激により，次の図のように，単収縮（twitch）が起こる。この現象に関する記述として最も適当なものを，下の①〜⑤の中から一つ選びなさい。14

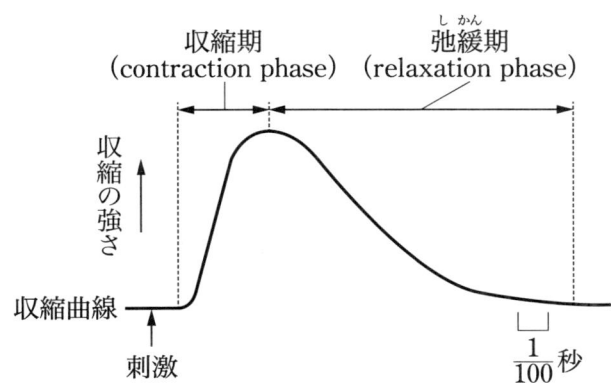

① 収縮期には，筋原繊維（myofibril）からアセチルコリン（acetylcholine）が放出される。
② 収縮期には，ミオシン頭部（myosin）でATPが分解される。
③ 弛緩期には，細胞質基質（cytoplasmic matrix）のCa^{2+}濃度が増加する。
④ 弛緩期には，ミオシンとアクチン（actin）が結合し始める。
⑤ 単収縮中に再び刺激を受けても，その筋の収縮は影響されない。

問15 アメフラシ（sea hare）の水管を水流で刺激すると，えらを反射的に引っ込める。刺激をくり返すと慣れ（habituation）を起こして反射は消失する。一方，慣れが起こっていないときに頭部に強い刺激を与えると，引っ込め反射は以前よりも大きくなる。この現象は鋭敏化（sensitization）とよばれる。水管の感覚神経（sensory nerve）は，えらを引っ込める筋肉を支配する運動神経（motor nerve）に，シナプス（synapse）を形成して接続している。感覚神経に生じた活動電位（action potential）がその軸索（axon）末端に達すると，シナプスで接続している運動神経に向けて神経伝達物質（neurotransmitter）が分泌される。水管を刺激したときに感覚神経および運動神経で生じる活動電位の頻度（frequency）を，鋭敏化する前後で比較した結果，感覚神経では違いがみられなかったが，運動神経では鋭敏化前と比べて鋭敏化後に増加がみられた。

さらに以下の**実験1・2**を行った。

実験1 鋭敏化の前後で，感覚神経軸索を刺激用電極により直接興奮させて比較したところ，鋭敏化後のほうが，大きな引っ込め反射が観察された。

実験2 鋭敏化の前後で，運動神経軸索を刺激用電極により直接興奮させて比較したところ，引っ込め反射の大きさに違いがみられなかった。

鋭敏化はどのようなしくみによって起こると考えられるか。今回の実験結果から適当と考えられるものを，次ページの**a～g**の中から二つ選び，その組み合わせとして正しいものを，次の①～⑦の中から一つ選びなさい。　[15]

a 水流刺激に対する感覚細胞の応答が増大する。

b 感覚神経を伝わる活動電位が運動神経へのシナプスに伝わるまでに，その振幅が増大する。

c シナプスで感覚神経から分泌される神経伝達物質の量が増大する。

d 感覚神経から分泌される同一量の神経伝達物質に対する運動神経の応答が増大する。

e 運動神経を伝わる活動電位が筋繊維（muscle fiber）上の神経終末（nerve ending）に達するまでに，その振幅が増大する。

f 神経終末部で運動神経から分泌される神経伝達物質の量が増大する。

g 運動神経から分泌される同一量の神経伝達物質に対する筋収縮の大きさが増大する。

① a，b　　② c，d　　③ d，e　　④ f，g
⑤ b，c　　⑥ e，f　　⑦ f，g

問16 次の図は、様々な生存曲線（survival curve）を模式的にa型、b型およびc型の三つに大別したものである。それぞれの型の生存曲線に関する下の記述A〜Dのうち、正しいものを過不足なく含む組み合わせをあとの①〜⑨の中から一つ選びなさい。 16

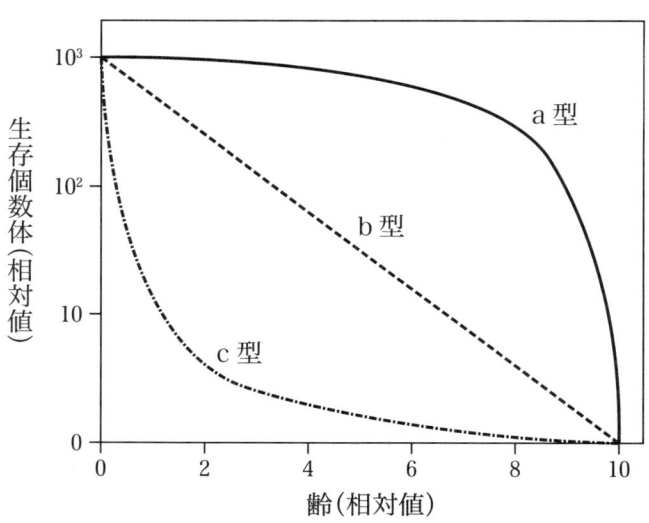

A　a型の生存曲線は、水生無脊椎動物や魚類に多くみられる。

B　b型の生存曲線は、齢ごとの死亡個体数が一定である生物にみられる。

C　c型の生存曲線をもつ種は、一般に1回の産卵数・産子数が非常に多いものの、多くの個体は生殖齢に達することができない。

D　生存曲線がどの型になるかは、幼齢時の親の保護と関係が深く、一般に保護が発達している種はa型になり、保護がない種はc型になる。

① A　　　　　　② B　　　　　　③ C
④ D　　　　　　⑤ A, B　　　　⑥ B, C
⑦ B, D　　　　⑧ C, D　　　　⑨ B, C, D

問17 ある池で投網を使ってフナを100個体捕獲し，それぞれに標識をつけてその場で放流した。3日後，投網を使って120個体のフナを捕獲したところ，15個体に標識が認められた。この池のフナの総個体数を推定しなさい。さらに，標識再捕法を適用して個体群（population）の大きさを推定するために必要な前提条件を**a～e**の中から選び，総個体数と必要な前提条件の組み合わせとして最も適当なものを下の①～⑥の中から一つ選びなさい。 **17**

[条件] a．放流から2回目捕獲までの間に，フナの大量の死亡がないこと。
　　　 b．1回の投網に入る魚の数が一定であること。
　　　 c．池につながる水路でフナの出入りが可能であること。
　　　 d．池につながる水路へフナが出ていかないこと。
　　　 e．標識により，フナの行動や生存率が変わらないこと。

	総個体数	必要な前提条件
①	720	a，b，c
②	720	a，c，d
③	720	a，d，e
④	800	a，d，e
⑤	800	a，b，d，e
⑥	800	a，c，d，e

問18 異なる生物種間の系統関係や共通の祖先から分かれた年代は，相同なタンパク質（protein）のアミノ酸配列（amino acid sequence）や遺伝子の塩基配列（base sequence）を比較し，その置換速度が一定であると仮定すると推定できる。また，その結果をもとに類縁関係を示した図を系統樹（phylogenetic tree）という。表は4種類の生物種についてある相同なタンパク質を比較したもので，表中の数値はアミノ酸が異なっている場所の数を表している。図は，表の値を用いて作成した系統樹である。**a〜d**には生物種**W〜Z**のいずれかが入る。図中の**c**と**d**に入る生物種として最も適当なものは，**W〜Z**のどれか。組み合わせとして最も適当なものを下の①〜⑨の中から一つ選びなさい。 **18**

表

	生物種X	生物種Y	生物種Z
生物種Y	16		
生物種Z	71	69	
生物種W	29	25	67

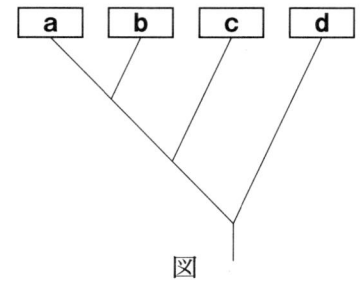

図

	c	d
①	W	X
②	W	Y
③	W	Z
④	X	W
⑤	X	Y
⑥	X	Z
⑦	Y	W
⑧	Y	X
⑨	Y	Z

第⑩回 模擬試験

解答時間：40分

問1　次の文は，物質輸送のしくみについて述べたものである。また，下の図は細胞内外の物質の輸送の模式図である。図を参考にして，文中の空欄　a　～　e　に入る語句の組み合わせとして最も適当なものを，あとの①～⑧の中から一つ選びなさい。

1

　細胞内で合成されたタンパク質（protein）は，　a　に取り込まれた後，　a　の一部がそれらを包んだ小胞（vesicle）として分離し，　b　へ運ばれて濃縮される。　b　から分離した分泌小胞（secretory vesicle）は細胞膜（cell membrane）へ移動し，細胞膜と融合した後，小胞の細胞外側が開き，内部にあるタンパク質を放出する。また，細胞外の物質が細胞内で分解される場合，その物質は細胞膜でできた小胞に包まれて細胞内に取りこまれ，小胞が　c　と融合すると，　c　内の分解酵素によって分解される。このような小胞と細胞膜の融合による物質の分泌を　d　といい，小胞と細胞膜の融合による物質の取り込みを　e　という。

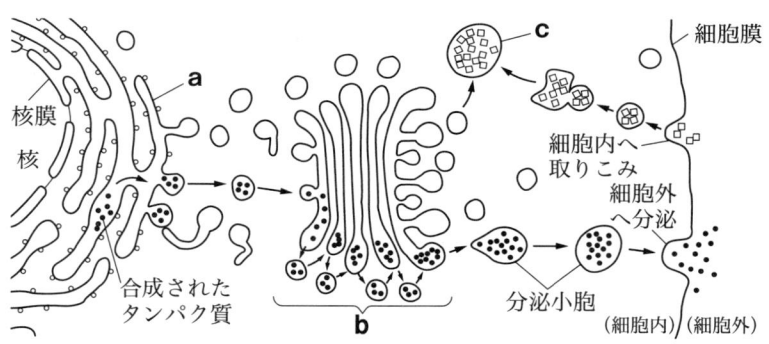

	a	b	c	d	e
①	小胞体 (endoplasmic reticulum)	ゴルジ体 (Golgi body)	リソソーム (lysosome)	エキソサイトーシス (exocytosis)	エンドサイトーシス (endocytosis)
②	小胞体	ゴルジ体	リボソーム (ribosome)	エンドサイトーシス	エキソサイトーシス
③	小胞体	ゴルジ体	リボソーム	食作用 (phagocytosis)	選択的透過 (selective permeation)
④	小胞体	ゴルジ体	リソソーム	選択的透過	食作用
⑤	ゴルジ体	小胞体	リボソーム	エキソサイトーシス	エンドサイトーシス
⑥	ゴルジ体	小胞体	リボソーム	エンドサイトーシス	エキソサイトーシス
⑦	ゴルジ体	小胞体	リソソーム	食作用	選択的透過
⑧	ゴルジ体	小胞体	リソソーム	選択的透過	食作用

問2 多細胞生物のからだを構成する細胞は，内分泌系（endocrine system）ではたらくホルモン（hormone）や，神経系（nervous system）ではたらく神経伝達物質（neurotransmitter）などの情報伝達物質によって互いに情報のやりとりを行い，協調してはたらいている。情報伝達物質に関する記述として**誤っているもの**を，次の①～⑤の中から一つ選びなさい。　2

① インスリン（insulin）などのペプチドホルモン（peptide hormone）は，水溶性ホルモンである。

② ステロイドホルモン（steroid hormone）は，脂溶性ホルモンである。

③ ペプチドホルモンの受容体（receptor）は細胞表面にある。

④ ペプチドホルモンは受容体と結合し後，転写調節因子（transcription regulator）としてDNAに結合する。

⑤ ステロイドホルモンは受容体と結合した後，転写調節因子としてDNAに結合する。

問3　葉緑体（chloroplast）では光合成（photosynthesis）によって二酸化炭素（carbon dioxide）が固定（fixation）されて有機物（organic matter）が合成される。緑藻類（green algae）のクロレラ（*Chlorella*）を用いて光合成を行わせ，カルビン・ベンソン回路（Calvin-Benson cycle）に含まれる物質を調べる実験を行った。光と二酸化炭素を与えて培養した後，二酸化炭素の供給のみを止めた条件で培養を行うと，炭素を5個もつ物質（C_5化合物）がたまった。一方，光と二酸化炭素を与えて培養した後，光のみを消した条件で培養すると，炭素を3個もつ物質（C_3化合物）がたまった。これらの結果に関する次の**a**～**f**のうち，正しい記述の組み合わせとして最も適当なものを，下の①～⑧の中から一つ選びなさい。　3

a 二酸化炭素と結合する物質は，C_3化合物である。

b 二酸化炭素と結合する物質は，C_5化合物である。

c C_3化合物からC_5化合物ができる過程には，ストロマ（stroma）で起こる反応系によってつくられるNADPHとATPが必要である。

d C_5化合物からC_3化合物ができる過程には，ストロマで起こる反応系によってつくられるNADPHとATPが必要である。

e C_3化合物からC_5化合物ができる過程には，チラコイド（thylakoid）で起こる反応系によってつくられるNADPHとATPが必要である。

f C_5化合物からC_3化合物ができる過程には，チラコイドで起こる反応系によってつくられるNADPHとATPが必要である。

① a, c　　② a, d　　③ a, e　　④ a, f
⑤ b, c　　⑥ b, d　　⑦ b, e　　⑧ b, f

問4 次の文中の a ～ e に入る語句や化学式の組み合わせとして最も適当なものを，下の①～⑧の中から一つ選びなさい。　　　　　　　　　　　　　　　4

　有機物（organic matter）のなかで，生物にとって不可欠な物質として，タンパク質（protein）と a があり，これらに必ず含まれる元素が窒素（nitrogen）である。大気の約78％を占めている窒素（N_2）を吸収して直接利用することができる生物は少ない。しかし，ある種の細菌やシアノバクテリア（cyanobacteria）は，大気中の窒素（N_2）を取り込み，エネルギーを使って b をつくることができ，このようなはたらきを c という。 c を行う細菌は， b からアミノ酸（amino acid）をつくり，さらにタンパク質や a などをつくりだして生活している。このように，生物が外界からとり込んだ窒素化合物から有機窒素化合物（organic nitrogen compound）をつくりだすはたらきは窒素 d という。生物の体に含まれる有機窒素化合物は，動物や細菌類（bacteria）・菌類（fungi）に利用され，最終的にアンモニウム塩（ammonium salt）になって，無機的な状態に戻る。アンモニウム塩は，土壌中や水中にすむ e を行う細菌のはたらきで硝酸塩（nitrate）になる。硝酸塩やアンモニウム塩は，生産者である植物に再利用される。

	a	b	c	d	e
①	脂質 (lipid)	NO_3^-	窒素同化 (nitrogen assimilation)	窒素固定 (nitrogen fixation)	脱窒 (denitrification)
②	脂質	NO_3^-	窒素固定	窒素同化	硝化 (nitrification)
③	脂質	NH_4^+	窒素同化	窒素固定	脱窒
④	脂質	NH_4^+	窒素固定	窒素同化	硝化
⑤	核酸 (nucleic acid)	NO_3^-	窒素同化	窒素固定	脱窒
⑥	核酸	NO_3^-	窒素固定	窒素同化	硝化
⑦	核酸	NH_4^+	窒素同化	窒素固定	脱窒
⑧	核酸	NH_4^+	窒素固定	窒素同化	硝化

問5 次の文中の a ～ d に入る語句の組み合わせとして最も適当なものを，下の①～⑧の中から一つ選びなさい。　5

大腸菌（*Escherichia coli*）にヒトのインスリン（insulin）を生産させる場合，まずプラスミド（plasmid）とヒトのインスリン遺伝子を同じ酵素（enzyme）で切断し，次に a という酵素を作用させて，ヒトインスリン遺伝子をプラスミドに導入する。ただし，ヒトのインスリン遺伝子には b が含まれており，大腸菌は c を行わないので，あらかじめ b を除いたインスリン遺伝子を組み込む必要がある。そのためには，ヒトの細胞内からmRNAを取り出し， d という酵素を作用させることで，mRNAを鋳型（template）としてDNAを合成する。このDNAを用いてPCR法を行うと， b がないDNAを増幅することができ，これを大腸菌に導入することでヒトのインスリンの合成が可能となる。

	a	b	c	d
①	制限酵素 (restriction enzyme)	エキソン (exon)	転写 (transcription)	DNAポリメラーゼ (DNA polymerase)
②	制限酵素	エキソン	スプライシング (splicing)	逆転写酵素 (reverse transcriptase)
③	制限酵素	イントロン (intron)	転写	DNAポリメラーゼ
④	制限酵素	イントロン	スプライシング	逆転写酵素
⑤	DNAリガーゼ (DNA ligase)	エキソン	転写	DNAポリメラーゼ
⑥	DNAリガーゼ	エキソン	スプライシング	逆転写酵素
⑦	DNAリガーゼ	イントロン	転写	DNAポリメラーゼ
⑧	DNAリガーゼ	イントロン	スプライシング	逆転写酵素

問6 1200塩基対（base pair）からなる，塩基配列のわからない直鎖状の2本鎖DNAを，3種類の制限酵素（restriction enzyme）X，Y，Zを組み合わせて4パターンの切断をしたところ，表のような長さのDNA断片が得られた。酵素Yと酵素Zで切断される部位は，図に示す**a〜k**のどの部位であると推測できるか。組み合わせとして正しいものを，下の①〜⑨の中から一つ選びなさい。なお，このDNA中には**b**の部位に酵素Xが認識し切断する塩基配列が存在することがわかっている。また，用いた3種類の制限酵素が認識し切断する塩基配列はそれぞれ異なる。

表

制限酵素の組み合わせ	生じたDNA断片の長さ（塩基対）
酵素Yのみ	500, 700
酵素Zのみ	300, 900
酵素Yと酵素X	200, 300, 700
酵素Yと酵素Z	300, 400, 500

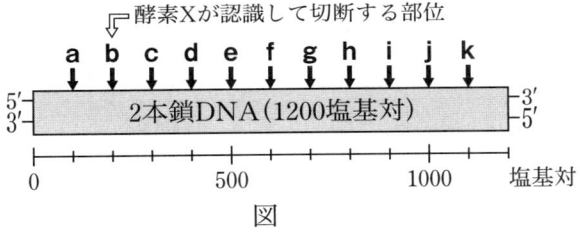

図

	酵素Y	酵素Z
①	c	g
②	c	h
③	c	i
④	d	g
⑤	d	h
⑥	d	i
⑦	e	g
⑧	e	h
⑨	e	i

問7 カエル（frog）の受精（fertilization）と初期発生（early development）に関する次の文中の a ～ d に入る語句の組合せとして最も適当なものを，次の①～⑧のうちから一つ選びなさい。 7

精子（sperm）が卵（egg）に侵入すると，第一卵割（segmentation）までの間に，精子侵入点の反対側の赤道部付近に， a が生じる。 a が生じた側は，将来の b となる。第一卵割は等割（equal cleavage）だが， c になる卵割から不等割（unequal cleavage）になり，割球は d 側の方が小さくなる。

	a	b	c	d
①	原口背唇部 (dorsal lip)	腹側 (ventral)	8細胞	植物極 (vegetal pole)
②	原口背唇部	背側 (dorsal)	8細胞	動物極 (animal pole)
③	灰色三日月環 (gray crescent)	腹側	8細胞	植物極
④	灰色三日月環	背側	8細胞	動物極
⑤	原口背唇部	腹側	16細胞	植物極
⑥	原口背唇部	背側	16細胞	動物極
⑦	灰色三日月環	腹側	16細胞	植物極
⑧	灰色三日月環	背側	16細胞	動物極

問8 ニワトリ（chicken）の胚（embryo）の皮膚（skin）は，おもに表皮（epidermis）と真皮（dermis）からなり，背の表皮が羽毛（feather）に，後肢の表皮はうろこ（scale）を形成する。次ページの図は，ニワトリの胚の皮膚を使った実験を示したものである。5日目および8日目の胚から背中の皮膚を，10日目，13日目および15日目の胚から肢の皮膚を，それぞれ切り出した。皮膚の表皮と真皮を分離した後，いろいろな組み合わせをつくって数日間培養したところ，表皮は表に示すように分化（differentiation）した。この実験の結果からわかることとして適当なものは次ページの文a～fのうちどれか。正しい組み合わせをあとの①～⑨の中から一つ選びなさい。 8

〔実験〕

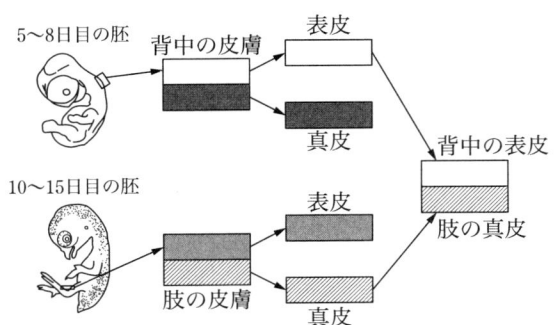

		背中の表皮	
		5日目胚	8日目胚
肢の真皮	10日目胚	羽毛	羽毛
	13日目胚	うろこ	羽毛
	15日目胚	うろこ	羽毛

a 表皮が羽毛に分化するかうろこに分化するかは，真皮のみによって決定される。

b 表皮が羽毛に分化するかうろこに分化するかは，表皮のみによって決定される。

c 5日目胚の表皮は，まだ分化の方向が決定されていないので，真皮の誘導（induction）に反応することができる。

d 8日目胚の表皮は，すでに分化の方向が決定されているが，真皮からの誘導があると分化の方向を変更する。

e 真皮の誘導能力は，10日目から15日目の間に低下する。

f 真皮からの誘導に対する表皮の反応性は，5日目に比べて8日目のほうが低い。

①	a，c
②	a，d
③	a，e
④	b，c
⑤	b，d
⑥	b，e
⑦	c，d
⑧	c，e
⑨	c，f

問9 海水生硬骨魚（marine bony fish）と淡水生硬骨魚（freshwater bony fish）の体液（body fluid）の塩類濃度調整に関する記述として**誤っているもの**を，次の①〜⑥の中から一つ選びなさい。　9

① 海水生硬骨魚は積極的に海水を飲む。
② 海水生硬骨魚は体液と等濃度の尿（urine）を少量排出する。
③ 海水生硬骨魚では，体内に入った過剰な塩類の排出は，えら（gill）にある細胞の受動輸送（passive transport）を介して行われる。
④ 淡水生硬骨魚は，水中の塩類をえらから吸収する。
⑤ 淡水生硬骨魚は，体液より低濃度の尿を多量に排出する。
⑥ 淡水生硬骨魚では，体内への無機塩類の取り込みは，えらや腸（intestine）の細胞における能動輸送（active transport）により行われる。

問10 肝臓（liver）のはたらきに関する記述として最も適当なものを，次の①〜⑤の中から一つ選びなさい。　10

① 有害な物質である尿素（urea）をアンモニア（ammonia）に変える。
② 赤血球（erythrocyte）のヘモグロビン（hemoglobin）を分解してグロブリン（globulin）に変える。
③ 脂肪（fat）を分解するホルモン（hormone）を十二指腸（duodenum）に分泌（secretion）する。
④ グリコーゲン（glycogen）の分解を促すホルモンを血中に分泌する。
⑤ 脂肪の消化を助ける胆汁（bile）を生成する。

問11 血糖濃度（blood glucose level）の調節に関して，次の記述 **a** ～ **f** のうち，正しい記述の組み合わせとして最も適当なものを，下の①～⑨の中から一つ選びなさい。

[11]

a すい臓（pancreas）のA細胞からグルカゴン（glucagon）が分泌されると，肝臓（liver）からのグルコース（glucose）放出が抑制される。

b 副腎髄質（adrenal medulla）からアドレナリン（adrenalin）が分泌されると，肝臓からのグルコース放出が促進される。

c 血糖濃度が低下すると，ランゲルハンス島（islets of Langerhans）を支配する副交感神経（parasympathetic nerve）のはたらきが活発になる。

d 糖尿病（diabetes）では，肝臓でのグリコーゲン（glycogen）合成が促進される。

e 糖尿病では，細胞内へのグルコースの取り込みが抑制される。

f 糖尿病では，すい臓からのセクレチン（secretin）分泌が抑制される。

① a，d ② a，e ③ a，f
④ b，d ⑤ b，e ⑥ b，f
⑦ c，d ⑧ c，e ⑨ c，f

問12 次の図は，ヒトが明るい場所から暗い場所に入ったとき，感じられる最小の明るさが，時間経過にしたがってどのように変化していくかを示している。実験結果について述べた下の文中の空欄 a ～ d に入る語の組み合わせとして最も適切なものを，下の①～⑧の中から一つ選びなさい。 12

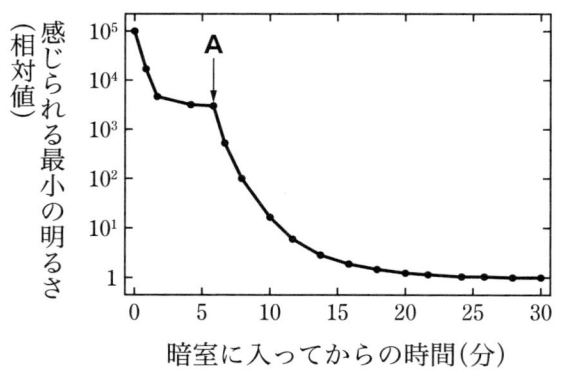

ヒトは，2種類の視細胞（visual cell）をもっている。それぞれの視細胞は， a ， b とよばれる。光に対する感度は， a と比べて b のほうが c い。明るい光環境において，ものを見るには主に a が使われる。暗室に入って，光強度がなくなると， a はすばやく d するので，光の強さに対する閾値（threshold）は図中のA点まですばやく低下する。その後，使われる視細胞が b に変わる。この細胞はゆっくりと d するので，感じられる最小の明るさは，A点からさらに低下する。

	a	b	c	d
①	桿体細胞（rod cell）	錐体細胞（cone cell）	高	明反応（light reaction）
②	桿体細胞	錐体細胞	低	暗反応（dark reaction）
③	桿体細胞	錐体細胞	高	順応（adaptation）
④	桿体細胞	錐体細胞	低	順化（habituation）
⑤	錐体細胞	桿体細胞	高	明反応
⑥	錐体細胞	桿体細胞	低	暗反応
⑦	錐体細胞	桿体細胞	高	順応
⑧	錐体細胞	桿体細胞	低	順化

問13 ヒトの耳に関する記述として**誤っているもの**を，次の①～⑤の中から一つ選びなさい。　13

① からだが傾くと，前庭（vestibule）にある感覚細胞（sensory cell）の上の平衡i石（statolith）（耳石）が動いて感覚毛（sensory hair）が曲げられ，それによってからだの傾きを受容する。

② 半規管（semicircular canal）では，体の動きに伴うリンパ液（lymph）の流れの変化から，回転などの体の動きを受容する。

③ 鼓膜（tympanic membrane）の振動は，中耳（middle ear）の耳小骨（auditory ossicles）で増幅されて内耳（inner ear）のうずまき管（cochlea）に伝わる。

④ コルチ器（Colti's organ）には，おおい膜（tectorial membrane）に接触した感覚毛をもつ聴細胞（auditory cell）があり，振動によって感覚毛が曲がると聴細胞に興奮（excitation）が生じ，この興奮が大脳髄質（cerebral medulla）へ伝わると，聴覚が生じる。

⑤ 基底膜（basilar membrane）が最も振動する位置は伝わる音の高さによって異なり，振動数（frequency）が小さい音（低音）ほど，うずまき管の奥の方の基底膜を振動させ，振動数が大きい音（高音）ほど，基部に近い基底膜を振動させる。

問14 生得的行動（innate behavior）に関する記述として**誤っているもの**を，次の①～⑥の中から一つ選びなさい。 14

① トゲウオ（stickleback；a species of freshwater fish）の雄は腹部の赤い色を目印にして攻撃行動を行う。こうした，動物に特定の行動を引き起こさせる刺激をかぎ刺激（key stimulus）（信号刺激）という。

② フクロウ（owl）の一種は，獲物がたてた音が左右の耳に達するまでの時間差と強度差を分析して，獲物の位置を特定している。

③ 渡り鳥（migratory bird）は，太陽の位置をもとにして渡り（migration）の方向を定めている。

④ ミツバチ（honey bee）は，えさ場を探し当てると，巣に戻ってえさ場の方向や距離を伝えるダンスを行い，仲間にその情報を伝えて誘導する。

⑤ ガン・カモ（duck）類のヒナは，ふ化（hatch）後20時間以内に見た動くものを「親」とみなして，あとを追うようになる。

⑥ アリ（ant）は，他の個体が分泌したフェロモン（pheromone）を触角（antenna）でなぞり，えさ場にたどり着く。

問15 光周性（photoperiodism）による花芽形成（flower-bud formation）では，花成ホルモン（フロリゲン）（flowering hormone）が花芽の分化（differentiation）を誘導（induction）すると考えられている。植物の生育に適した条件下で，次の図のように1日（24時間）の周期で明期と暗期の長さ（日長条件）を変えて，限界暗期（critical dark period）が10時間の短日植物（short-day plants）を育てた場合，花芽形成が起こるのはa〜hのどの日長条件か。花芽形成の起こる日長条件を過不足なく含むものを，下の①〜⑨の中から一つ選びなさい。 15

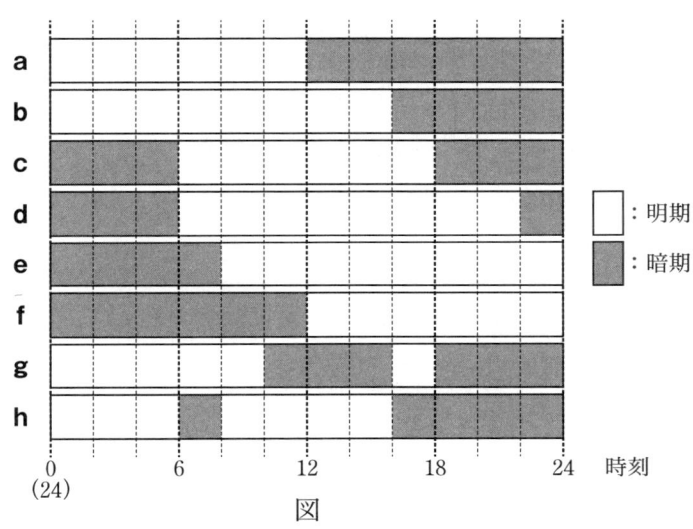

□：明期
■：暗期

図

① a ② b ③ a, c
④ b, d ⑤ a, c, f ⑥ b, d, e
⑦ a, c, f, g ⑧ b, d, e, g, h ⑨ a, c, f, g, h

問16　海岸の岩場には，固着生物 (attached organism) を中心とする特有の生物群集 (biotic community) がみられる。下の図はその一例である。この生態系の中に適当な広さの実験区を設定し，そこからヒトデ (star fish) を完全に除去したところ，その後約1年の間に生物群集の構成が大きく変化した。岩場では，まずイガイ (mussel) とフジツボ (barnacle) が著しく数を増して優占種 (dominant species) となった。カメノテ (goose barnacle) とイボニシ (Thais clavigera；a king of snails) は常に散在していたが，イソギンチャク (sea anemone) と紅藻類 (red algae) は，数を増やしたイガイやフジツボに生活空間を奪われて，ほとんど姿を消した。その後，食物を失ったヒザラガイ (chiton) やカサガイ (limpet) もいなくなり，群集の単純化が進んだ。一方，ヒトデを除去しなかった対照区では，このような変化はみられなかった。この野外実験からの推論として，**適当でないもの**はa～eのうち，どれか。正しい組み合わせをあとの①～⑨の中から一つ選びなさい。　16

※フジツボ，イガイ，カメノテ，イソギンチャクおよび紅藻は固着生物であるが，イボニシ，ヒザラガイ，カサガイおよびヒトデは岩場を動き回って生活している。図の矢印は，食物連鎖におけるエネルギーの流れを表しており，矢印が太いほどより多く捕食されることを示す。

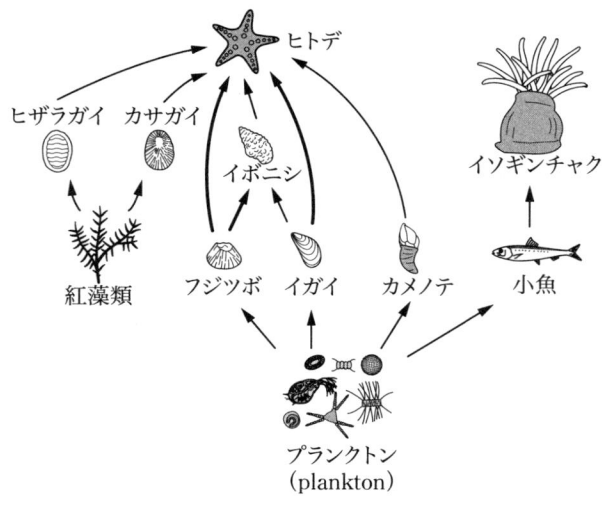

〔推論〕

a　ヒザラガイとカサガイが消滅したのは，食物をめぐって両種の間に競争（competition）が起こったためである。

b　イガイとフジツボが増加したのは，おもに両種に集中していたヒトデの捕食（predation）がなくなったためである。

c　種間競争（interspecific competition）は，異なった栄養段階（trophic level）に属する生物の間でも起こりうる。

d　上位捕食者の存在は，群集構成の単純化をもたらしている。

e　上位捕食者の除去は，被食者（prey）でない生物の個体群にも間接的に大きな影響を及ぼしうる。

① a，b　　　② a，c　　　③ a，d
④ a，e　　　⑤ b，c　　　⑥ b，d
⑦ b，e　　　⑧ c，d　　　⑨ c，e

問17 次の図は，生態系（ecosystem）における各栄養段階（trophic level）のエネルギー収支（energy budget）を模式的に示したものである。なお，図中のB_0，B_1，B_2はそれぞれ各栄養段階に属する生物の一定期間における成長量（growth increment）を，D_0，D_1，D_2は枯死・死滅（death）量を示している。

この図に関する説明 **a～g** のうち**誤っているもの**の組み合わせを，次の①～⑥の中から一つ選びなさい。。

17

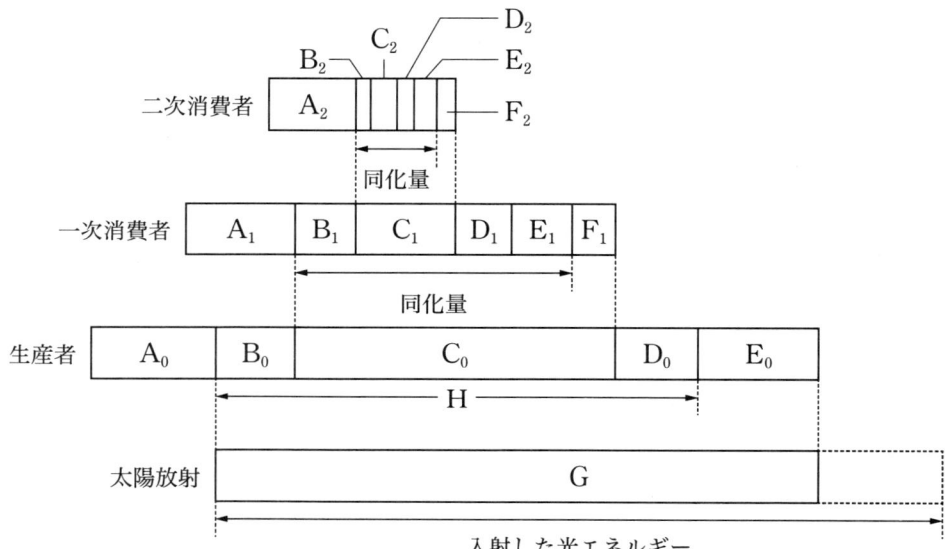

- **a** A_0, A_1, A_2 は初めから存在していた各栄養段階の現存量（standing crop）を示している。
- **b** C_0, C_1, C_2 は高次の栄養段階に捕食される被食（predation, consumption）量を示している。
- **c** E_0, E_1, E_2 は呼吸（respiration）量を示し，熱エネルギーとして生態系外に失われる。
- **d** F_1, F_2 は不消化排出（waste materials, feces）量を示し，化学エネルギーとして生態系外に失われる。
- **e** G は植物の葉に吸収された総量を，H は葉で同化（assimilation）された総生産量（gross production）を示している。
- **f** 次年度の現存量は A_0, A_1, A_2 に，それぞれ C_0, C_1, C_2 を加えた値で示される。
- **g** D_0, D_1, D_2, F_1, F_2 は分解者（decomposer）の異化（dissimilation）に用いられる。

① a，b　　　② b，c　　　③ c，d
④ d，e　　　⑤ e，f　　　⑥ f，g

問18 文中の空欄 a ～ d に入る語の組み合わせとして最も適切なものを，下の①～⑧の中から一つ選びなさい。 18

近年，細胞レベルや分子レベルでの研究が進み，単純にみえる原核生物 (prokaryote) の中にも極めて大きな多様性 (diversity) があることがわかってきた。メタン生成菌 (methane-producing organism) の研究をしていたアメリカのウーズは，リボソーム (ribosome) に含まれる a の b を解析し，新しい分類体系を提唱した。彼は生物を3つのドメイン (domain) に分け，五界説の分類群より上位に置いた。一つはヒトが所属する真核生物 (eukaryotes) ドメインである。残るもののうち真核生物に近いものは c ドメインと呼ばれ，他方の大腸菌 (Escherichia coli) や乳酸菌 (lactic acid bacterium) を含む分類群は d ドメインとよばれている。

	a	b	c	d
①	mRNA	アミノ酸配列 (amino acid sequence)	細菌 (bacteria)	古細菌 (archaeba)
②	mRNA	アミノ酸配列	古細菌	細菌
③	mRNA	塩基配列 (base sequence)	細菌	古細菌
④	mRNA	塩基配列	古細菌	細菌
⑤	rRNA	アミノ酸配列	細菌	古細菌
⑥	rRNA	アミノ酸配列	古細菌	細菌
⑦	rRNA	塩基配列	細菌	古細菌
⑧	rRNA	塩基配列	古細菌	細菌

解 答

第1回　正解・解答記入表

★ 難易度は3段階で示しており，星が多いほど難しい問題であることを表している。
★ 分野は，行知学園生物教研組が，分析に基づき独自に定めたものである。
★ Ⅰ～Ⅵの番号は，「日本留学試験 基礎学力科目 シラバス改訂版」に対応。

問		解答番号	解答記入欄	正解	明示単元	分野	難易度
問1		1		⑤	生体物質と細胞	Ⅰ	★
問2		2		③	呼吸	Ⅰ	★
問3		3		⑥	光合成	Ⅰ	★
問4		4		②	遺伝情報とDNA	Ⅰ	★★
問5		5		⑤	減数分裂と受精	Ⅱ	★★
問6		6		④	配偶子形成と受精	Ⅱ	★★
問7		7		①	細胞の分化と形態形成	Ⅱ	★★
問8		8		②	配偶子形成と受精，胚発生	Ⅱ	★
問9		9		⑦	体液の循環系	Ⅲ	★★
問10		10		①	自律神経やホルモンによる調節	Ⅲ	★
問11		11		⑥	生命現象とタンパク質	Ⅰ	★★★
問12		12		④	免疫のしくみ	Ⅲ	★
問13		13		④	刺激の受容と反応	Ⅳ	★★
問14		14		③	刺激の受容と反応	Ⅳ	★
問15	(1)	15		⑥	個体群	Ⅴ	★★
	(2)	16		⑥	個体群	Ⅴ	★★★
問16	(1)	17		③	進化のしくみ	Ⅵ	★
	(2)	18		④	進化のしくみ	Ⅵ	★★

第 ❷ 回　　正 解・解 答 記 入 表

★ 難易度は3段階で示しており，星が多いほど難しい問題であることを表している。
★ 分野は，行知学園生物教研組が，分析に基づき独自に定めたものである。
★ Ⅰ～Ⅵの番号は，「日本留学試験 基礎学力科目 シラバス改訂版」に対応。

問	解答番号	解答記入欄	正解	明示単元	分野	難易度
問1	1		⑥	生体物質と細胞	Ⅰ	★★
問2	2		①	呼吸	Ⅰ	★★★
問3	3		③	光合成	Ⅰ	★★
問4	4		③	遺伝情報の発現	Ⅰ	★★
問5	5		⑤	遺伝子と染色体	Ⅱ	★
問6	6		②	初期発生の過程	Ⅱ	★
問7	7		③	細胞の分化と形態形成	Ⅱ	★
問8	8		④	配偶子形成と受精，胚発生	Ⅱ	★★
問9	9		⑤	体液の循環系	Ⅲ	★★
問10	10		①	自律神経やホルモンによる調節	Ⅲ	★
問11	11		①	自律神経やホルモンによる調節	Ⅲ	★
問12	12		⑥	免疫のしくみ	Ⅲ	★
問13	13		②	刺激の受容と反応	Ⅳ	★
問14	14		⑧	刺激の受容と反応	Ⅳ	★
問15	15		⑤	植物ホルモンの働き	Ⅳ	★★
問16	16		③	生態系の物質生産と物質循環	Ⅴ	★★
問17 (1)	17		⑥	進化のしくみ	Ⅵ	★
問17 (2)	18		③	進化のしくみ	Ⅳ	★★

第3回 正解・解答記入表

★ 難易度は3段階で示しており，星が多いほど難しい問題であることを表している。
★ 分野は，行知学園生物教研組が，分析に基づき独自に定めたものである。
★ Ⅰ～Ⅵの番号は，「日本留学試験 基礎学力科目 シラバス改訂版」に対応。

問	解答番号	解答記入欄	正解	明示単元	分野	難易度
問1	1		①	生体物質と細胞	Ⅰ	★
問2	2		⑦	呼吸	Ⅰ	★★
問3	3		⑥	窒素同化	Ⅰ	★
問4	4		③	バイオテクノロジー	Ⅰ	★
問5	5		⑥	遺伝子と染色体	Ⅱ	★★
問6	6		⑤	初期発生の過程	Ⅱ	★★
問7	7		⑤	細胞の分化と形態形成	Ⅱ	★★
問8	8		①	植物の器官の分化	Ⅱ	★★
問9	9		④	体液の成分とその濃度調節	Ⅲ	★★
問10	10		①	自律神経やホルモンによる調節	Ⅲ	★
問11	11		③	自律神経やホルモンによる調節	Ⅲ	★
問12	12		⑦	免疫のしくみ	Ⅲ	★
問13	13		④	刺激の受容と反応	Ⅳ	★
問14	14		②	動物の行動	Ⅳ	★
問15	15		⑤	植物ホルモンの働き	Ⅳ	★★
問16	16		⑧	植物ホルモンの働き	Ⅳ	★
問17	17		⑤	気候とバイオーム	Ⅴ	★★
問18	18		④	生命の起源と生物の変遷	Ⅵ	★

第4回　正解・解答記入表

★ 難易度は3段階で示しており，星が多いほど難しい問題であることを表している。
★ 分野は，行知学園生物教研組が，分析に基づき独自に定めたものである。
★ Ⅰ～Ⅵの番号は，「日本留学試験 基礎学力科目 シラバス改訂版」に対応。

問		解答番号	解答記入欄	正解	明示単元	分野	難易度
問1		1		①	原核細胞と真核細胞	Ⅰ	★
問2		2		⑤	生命活動とエネルギー	Ⅰ	★★
問3		3		④	ATPとその役割	Ⅰ	★
問4	(1)	4		⑤	呼吸	Ⅰ	★
	(2)	5		②	発酵と解糖	Ⅰ	★★★
問5	(1)	6		④	窒素同化	Ⅰ	★
	(2)	7		②	窒素同化	Ⅰ	★★
問6	(1)	8		④	選択的スプライシング	Ⅰ	★★
	(2)	9		③	翻訳	Ⅰ	★
問7	(1)	10		②	性染色体・XY型	Ⅱ	★
	(2)	11		②	性染色体・ZO型	Ⅱ	★★
問8		12		④	細胞の分化と形態形成	Ⅱ	★
問9		13		⑥	血液凝固のしくみ	Ⅲ	★
問10		14		⑤	効果器とそのはたらき	Ⅳ	★★
問11		15		①	植物の光受容体のはたらき	Ⅳ	★★
問12		16		⑧	生態系の物質生産と物質循環	Ⅴ	★★★
問13	(1)	17		③	ヒトの進化	Ⅵ	★
	(2)	18		①	ヒトの進化	Ⅵ	★

第5回　正解・解答記入表

★ 難易度は3段階で示しており，星が多いほど難しい問題であることを表している。
★ 分野は，行知学園生物教研組が，分析に基づき独自に定めたものである。
★ Ⅰ～Ⅵの番号は，「日本留学試験 基礎学力科目 シラバス改訂版」に対応。

問		解答番号	解答記入欄	正解	明示単元	分野	難易度
問1		1		⑥	細胞を構成する物質	Ⅰ	★★
問2		2		⑤	ミクロメーターでの観察	Ⅰ	★
問3		3		①	呼吸	Ⅰ	★★
問4		4		①	光合成	Ⅰ	★★
問5		5		①	核酸の構造	Ⅰ	★
問6		6		④	減数分裂とDNA量の変化	Ⅱ	★★
問7	(1)	7		⑤	動物の配偶子形成	Ⅱ	★★
	(2)	8		③	動物の配偶子形成（核相）	Ⅱ	★
問8		9		①	植物の配偶子形成と受精	Ⅱ	★
問9		10		⑤	体液の循環系	Ⅲ	★★
問10		11		①	自律神経やホルモンによる調節	Ⅲ	★
問11		12		②	免疫ではたらく細胞	Ⅲ	★
問12		13		⑤	受容器とそのはたらき	Ⅳ	★
問13		14		⑤	刺激に対する植物の反応	Ⅳ	★★
問14		15		①	個体の分布	Ⅴ	★★
問15		16		④	生態系の成り立ち	Ⅴ	★
問16		17		②	初期の生物進化	Ⅵ	★
問17		18		②	DNA塩基配列の比較	Ⅵ	★★

第6回 正解・解答記入表

★ 難易度は3段階で示しており，星が多いほど難しい問題であることを表している。
★ 分野は，行知学園生物教研組が，分析に基づき独自に定めたものである。
★ Ⅰ～Ⅵの番号は，「日本留学試験 基礎学力科目 シラバス改訂版」に対応。

問		解答番号	解答記入欄	正解	明示単元	分野	難易度
問1		1		②	細胞骨格とそのはたらき	Ⅰ	★★
問2		2		④	窒素同化	Ⅰ	★
問3	(1)	3		③	DNA複製のしくみ	Ⅰ	★★
	(2)	4		②	DNA複製のしくみ	Ⅰ	★★
問4		5		⑤	遺伝子と染色体（遺伝子の連鎖と組換え）	Ⅱ	★★
問5		6		⑥	初期発生の過程	Ⅱ	★
問6	(1)	7		⑥	配偶子形成と受精，胚発生	Ⅱ	★
	(2)	8		④	配偶子形成と受精，胚発生	Ⅱ	★
	(3)	9		④	配偶子形成と受精，胚発生	Ⅱ	★★
問7	(1)	10		③	体液の成分とその濃度調節	Ⅲ	★
	(2)	11		④	体液の成分とその濃度調節	Ⅲ	★★
問8		12		⑤	刺激の受容と反応	Ⅳ	★
問9		13		③	動物の行動	Ⅳ	★★
問10		14		②	植物ホルモンのはたらき	Ⅳ	★
問11		15		③	個体群間の相互作用	Ⅴ	★
問12		16		⑤	生態系における物質収支	Ⅴ	★★
問13	(1)	17		④	遺伝子頻度の変化とそのしくみ	Ⅵ	★★
	(2)	18		④	遺伝子頻度の変化とそのしくみ	Ⅵ	★

第 7 回　正解・解答記入表

★ 難易度は3段階で示しており，星が多いほど難しい問題であることを表している。
★ 分野は，行知学園生物教研組が，分析に基づき独自に定めたものである。
★ Ⅰ～Ⅵの番号は，「日本留学試験 基礎学力科目 シラバス改訂版」に対応。

問	解答番号	解答記入欄	正解	明示単元	分野	難易度
問1	1		⑥	細胞を構成する物質	Ⅰ	★★
問2	2		⑤	タンパク質の構造	Ⅰ	★
問3	3		②	ATPとその役割	Ⅰ	★
問4	4		⑦	呼吸	Ⅰ	★★
問5	5		⑥	遺伝子と染色体とゲノム	Ⅰ	★
問6	6		③	選択的遺伝子発現	Ⅰ	★★
問7	7		⑤	減数分裂の過程	Ⅱ	★
問8	8		③	染色体の乗換えと遺伝子の組換え	Ⅱ	★★
問9	9		①	細胞の分化と形態形成	Ⅱ	★
問10	10		⑤	体液の成分とその濃度調節	Ⅲ	★★★
問11	11		③	体液の塩分濃度の調節	Ⅲ	★
問12	12		⑤	免疫ではたらく細胞	Ⅲ	★
問13	13		⑤	ニューロンの興奮	Ⅳ	★★
問14	14		①	興奮の伝導	Ⅳ	★★★
問15	15		③	植物の光容体のはたらき	Ⅳ	★
問16	16		⑥	成長曲線	Ⅴ	★★
問17	17		⑦	生物多様性	Ⅴ	★★
問18	18		⑤	集団遺伝	Ⅵ	★★

第8回　正解・解答記入表

★ 難易度は3段階で示しており，星が多いほど難しい問題であることを表している。
★ 分野は，行知学園生物教研組が，分析に基づき独自に定めたものである。
★ Ⅰ～Ⅵの番号は，「日本留学試験 基礎学力科目 シラバス改訂版」に対応。

問	解答番号	解答記入欄	正解	明示単元	分野	難易度
問1	1		⑤	細胞小器官	Ⅰ	★★
問2	2		①	タンパク質のはたらき／酵素	Ⅰ	★
問3	3		⑥	光合成のしくみ	Ⅰ	★★
問4	4		⑥	カルビン・ベンソン回路	Ⅰ	★
問5	5		④	原核生物の転写・翻訳	Ⅰ	★★
問6	6		⑧	原核生物の発現調節	Ⅰ	★
問7	7		③	真核生物の遺伝子発現の調節	Ⅰ	★★
問8	8		④	性染色体	Ⅱ	★
問9	9		①	生殖法	Ⅱ	★
問10	10		③	植物の発生	Ⅱ	★
問11	11		③	肝臓の構造とはたらき	Ⅲ	★
問12	12		⑤	血糖濃度の調節	Ⅲ	★★
問13	13		②	免疫細胞と情報伝達	Ⅲ	★★
問14	14		⑨	受容器とそのはたらき／視覚器	Ⅳ	★★
問15	15		⑦	気孔の開閉	Ⅳ	★★
問16	16		②	種間関係・ニッチ	Ⅴ	★
問17	17		③	種分化	Ⅵ	★★
問18	18		③	DNA塩基配列の比較	Ⅵ	★★

第 9 回 正解・解答記入表

★ 難易度は3段階で示しており，星が多いほど難しい問題であることを表している。
★ 分野は，行知学園生物教研組が，分析に基づき独自に定めたものである。
★ Ⅰ～Ⅵの番号は，「日本留学試験 基礎学力科目 シラバス改訂版」に対応。

問	解答番号	解答記入欄	正解	明示単元	分野	難易度
問1	1		④	生体膜	Ⅰ	★
問2	2		⑤	細胞間結合	Ⅰ	★
問3	3		⑥	細菌の光合成	Ⅰ	★★
問4	4		⑥	窒素同化	Ⅰ	★★
問5	5		①	PCR法と電気泳動	Ⅰ	★★★
問6	6		④	遺伝子導入	Ⅱ	★★★
問7	7		⑥	胚域の予定運命と原基分布図	Ⅱ	★
問8	8		⑥	形態形成と遺伝子	Ⅱ	★★
問9	9		⑤	配偶子形成と受精，胚発生	Ⅱ	★★
問10	10		⑥	配偶子形成と受精，胚発生	Ⅱ	★
問11	11		④	自律神経やホルモンによる調節	Ⅲ	★
問12	12		③	酸素解離曲線	Ⅲ	★★
問13	13		④	ヒトの神経系	Ⅲ	★
問14	14		②	筋収縮のしくみ	Ⅳ	★
問15	15		②	学習による行動	Ⅳ	★★
問16	16		⑧	個体群の齢構成と生存曲線	Ⅴ	★
問17	17		④	標識再捕法	Ⅴ	★★
問18	18		③	分子進化	Ⅵ	★★

第⑩回　正解・解答記入表

★ 難易度は3段階で示しており，星が多いほど難しい問題であることを表している。
★ 分野は，行知学園生物教研組が，分析に基づき独自に定めたものである。
★ Ⅰ〜Ⅵの番号は，「日本留学試験 基礎学力科目 シラバス改訂版」に対応。

問	解答番号	解答記入欄	正解	明示単元	分野	難易度
問1	1		①	小胞輸送	Ⅰ	★
問2	2		④	細胞のシグナル伝達	Ⅰ	★★
問3	3		⑦	カルビン・ベンソン回路	Ⅰ	★★
問4	4		⑧	窒素同化	Ⅰ	★★
問5	5		⑧	遺伝子組換え	Ⅰ	★
問6	6		⑨	バイオテクノロジー　制限酵素	Ⅰ	★★
問7	7		④	カエルの受精と発生	Ⅱ	★
問8	8		⑨	細胞の分化と形態形成　誘導	Ⅱ	★★
問9	9		③	硬骨魚類の塩類濃度調節	Ⅲ	★★
問10	10		⑤	肝臓	Ⅲ	★
問11	11		⑤	血糖濃度調節	Ⅲ	★
問12	12		⑦	視覚器	Ⅳ	★★
問13	13		④	聴覚器・平衡受容器	Ⅳ	★
問14	14		⑤	生得的行動	Ⅳ	★
問15	15		⑤	光周性	Ⅳ	★★
問16	16		③	個体群と生物群集	Ⅴ	★★
問17	17		⑤	生態系におけるエネルギーの利用	Ⅴ	★★★
問18	18		⑧	生物の分類	Ⅵ	★

付　録

일영한 용어대조표

日本語	English	한국어
数 3'末端	3'-end, three prime-end	3'말단
5'末端	5'-end, five prime-end	5'말단
8の字ダンス	figure-eight dance/waggle dance	8자 춤
A ABO式血液型	ABO blood type	ABO식 혈액형
ADP	adenosine diphosphate	아데노신 2인산(ADP)
AIDS	acquired immunodeficiency syndrome	후천성면역결핍증후군(AIDS)
AMP	adenosine monophosphate	아데노신 1인산(AMP)
ATP	adenosine triphosphate	아데노신 3인산(ATP)
ATPアーゼ	ATPase/adenosine triphosphatase	ATP 가수분해효소
ATP合成酵素	ATP synthase	ATP 합성효소
A(α)細胞(ランゲルハンス島)	A(α) cell (Langerhans'islet)	알파세포(랑게르한스섬)
B B(β)細胞(ランゲルハンス島)	B(β) cell (Langerhans'islet)	베타세포(랑게르한스섬)
B細胞(リンパ球)	B cell (lymphocyte)	B세포(림프구)
D DNA	deoxyribonucleic acid	데옥시리보핵산(DNA)
DNA合成期	DNA synthetic phase	DNA 합성기
DNA合成準備期	pre-DNA synthetic phase	DNA 합성준비기
DNAシーケンサー	DNA sequencer	DNA 염기순서 분석기
DNA多型, ゲノム多型	DNA polymorphism	DNA 다형성
DNAヘリカーゼ	DNA helicase	DNA 풀기효소
DNAポリメラーゼ	DNA polymerase	DNA 중합효소
DNAリガーゼ	DNA ligase	DNA 연결효소
G G_1期	G_1 phase	G_1기
G_2期	G_2 phase	G_2기
H HIV, ヒト免疫不全ウイルス	human immunodeficiency virus	사람면역결핍바이러스(HIV)
*Hox*遺伝子	*Hox* gene	혹스 유전자
H鎖	heavy chain/H chain	무거운 사슬
I iPS細胞	induced Pluripotent Stem cell	유도만능줄기세포
L L鎖	light chain/L chain	가벼운 사슬
M mRNA	messenger RNA	전령 RNA(mRNA)
mRNA前駆体	mRNA precursor	mRNA 전구체
M期	M phase	M기
N Naチャネル	sodium channel	소듐(나트륨) 통로
NAD^+	NAD^+	니코틴아마이드 아데닌 디뉴클레오타이드(산화형 NAD)
NADH	NADH	환원형 NAD
NADPH	NADPH	니코틴아마이드 아데닌 디뉴클레오타이드 인산
NK細胞	NK cell/natural killer cell	자연살생세포
P PCR法	polymerase chain reaction	중합효소 연쇄반응
P_{fr}型	P_{fr} form	근적외광흡수형 피토크롬
P_r型	P_r form	적색광흡수형 피토크롬
R RNA	ribonucleic acid	리보핵산(RNA)
RNAポリメラーゼ	RNA polymerase	RNA 중합효소
RNAワールド仮説	RNA world hypothesis	RNA 세상 가설
rRNA	ribosomal RNA	리보솜 RNA
S S-S結合, ジスルフィド結合	S-S bond/disulfide bond	S-S결합, 이황화결합
S期	S phase	S기
T tRNA	transfer RNA	운반 RNA(tRNA)
T細胞	T cell	T세포

日本語	English	한국어
T細胞受容体	T cell receptor	T세포 수용체
X X染色体	X chromosome	X염색체
XO型	XO type	XO형
XY型	XY type	XY형
Y Y染色体	Y chromosome	Y염색체
Z ZO型	ZO type	ZO형
ZW型	ZW type	ZW형
Z膜	Z membrane	Z막
あ アーキア	archaea	고세균
アーキアドメイン，アーキア超界	domain Archaea	고세균역
アオコ/水の華	cyanobacteria bloom/water bloom	남세균 대번식/녹조
アクアポリン,水チャネル	aquaporin	아쿠아포린
アクチン	actin	액틴
アクチンフィラメント	actin filament	액틴 필라멘트
亜高山帯	subalpine zone	아고산대
亜高木層	sub-tree layer	아교목층
亜硝酸菌	nitrite bacteria	아질산균
アセチルCoA，アセチル補酵素A	acetyl CoA/acetyl-coenzyme A	아세틸 조효소 A
アセチルコリン	acetylcholine/ACh	아세틸콜린
圧覚	sense of pressure	압각
圧点	pressure spot	압점
アデニン	adenine	아데닌
アデノシン	adenosine	아데노신
アデノシン一リン酸	adenosine monophosphate/AMP	아데노신 1인산(AMP)
アデノシン三リン酸	adenosine triphosphate/ATP	아데노신 3인산(ATP)
アデノシン二リン酸	adenosine diphosphate/ADP	아데노신 2인산(AMP)
アドレナリン	adrenalin	아드레날린
アドレナリン受容体	adrenergic receptor	아드레날린 수용체
亜熱帯多雨林	subtropical rain forest	아열대우림
アブシシン酸	abscisic acid	아브시스산
アポトーシス	apoptosis	세포자살
アミノ基	amino group	아미노기
アミノ酸	amino acid	아미노산
アミノ酸配列	amino acid sequence	아미노산 순서
アミラーゼ	amylase	아밀라아제
アメーバ運動	amoeboid movement	아메바 운동
アメーバ	amoeba	아메바
アルギニン	arginine	아르지닌(아르기닌)
アルギニン要求，アルギニン要求突然変異体	arginine auxotroph	아르지닌 요구주
アルコール発酵	alcohol fermentation	알코올 발효
アルビノ，白子，白化個体	albino	흰둥이(알비노)
αヘリックス構造，αらせん	α-helix	알파 나선
アレルギー	allergy	알레르기
アレルゲン	allergen	알레르기 항원
アロステリック効果	allosteric effect	다른자리입체성 효과(알로스테릭 효과)
アロステリック酵素	allosteric enzyme	다른자리입체성 효소(알로스테릭 효소)
暗順応	dark adaptation	암순응
暗帯	dark band	암대
アンチコドン	anticodon	역코돈(안티코돈)
暗発芽種子	dark germinater	암발아종자

日本語	English	한국어
暗反応	dark reaction	암반응
アンモナイト	ammonite	암모나이트
アンモニア	ammonia	암모니아
アンモニウムイオン	ammonium ion	암모늄이온
い 硫黄細菌	sulfur bacteria	황세균
イオンチャネル	ion channel	이온 통로
イオンポンプ	ion pump	이온 펌프
異化	catabolism	이화작용
緯割	latitudinal cleavage	위할
維管束	vascular bundle	관다발
維管束系	vascular (bundle) system	관다발계
維管束植物	tracheonophytes/vascular plant	관다발식물
閾値	threshold value	역치
生きている化石	living fossil	살아있는 화석
異形接合体	heterozygote	이형 접합체
異形配偶子	anisogamete, heterogamete	이형 배우자
異所的種分化	allopatric speciation	이소적 종분화
異数体	heteroploid/aneuploid	이수체
一遺伝子一酵素説	one gene-one enzyme theory	1유전자 1효소설
一遺伝子雑種	monohybrid	단성잡종
一次応答	primary response	1차응답
一次間充織細胞	primary mesenchymal cell	1차간충직 세포
一次構造	primary structure	1차구조
一次消費者	primary consumer	1차소비자
一次精母細胞	primary spermatocyte	1차정모세포
一次遷移	primary succession	1차천이
一次卵母細胞	primary oocyte	1차난모세포
一年生植物	annual plant	1년생 식물
一夫一妻	monogamy	일부일처제
一夫多妻	polygamy	일부다처제
遺伝	heredity/inheritance	유전
遺伝暗号	genetic code	유전암호
遺伝暗号表，コドン表	codon table	유전암호표, 코돈표
遺伝子	gene	유전자
遺伝子型	genotype	유전자형
遺伝子組み換え技術	gene recombination technique	유전자 재조합기술
遺伝子工学	genetic engineering	유전공학
遺伝子座	gene locus	유전자 자리
遺伝子重複	gene duplication	유전자 복제
遺伝子治療	gene therapy	유전자 치료
遺伝子導入	gene transfer	유전자 전달
遺伝子突然変異	gene mutation	유전자 돌연변이
遺伝子発現	gene expression	유전자 발현
遺伝子頻度	gene frequency	유전자 빈도
遺伝子プール	gene pool	유전자풀
遺伝情報	genetic information	유전 정보
遺伝的多型	genetic polymorphism	유전적 다형
遺伝的多様性	genetic diversity	유전적 다양성
遺伝的浮動	genetic drift	유전적 부동
遺伝的変異	genetic variation	유전적 변이

日本語	English	한국어
イネ(科型)の	grass-type	초형
陰樹	shade tree	음수(음지나무)
飲食作用，エンドサイトーシス	endocytosis	세포내섭취(엔도시토시스)
インスリン	insulin	인슐린
陰生植物	shade plant	음지식물
インドール酢酸	indoleacetic acid/IAA	인돌아세트산
イントロン	intron	인트론
陰葉	shade leaf	음엽
う ウイルス	virus	바이러스
右心室	right ventricle	우심실
右心房	right atrium	우심방
うずまき管	cochlea	달팽이관
うずまき細管	cochlea duct	달팽이세관
ウラシル	uracil	유라실
雨緑樹林	rain green forest	우록수림
運動神経	motor nerve	운동신경
運動神経系	motor nervous system	운동신경계
運動ニューロン	motorneuron/motor neuron	운동뉴런
運動野	motor area/motor cortex	운동령/운동피질
運搬RNA	transfer RNA	운반RNA(tRNA)
え エイズ，後天的免疫不全症候群	AIDS/acquired immunodeficiency syndrome	에이즈, 후천성 면역결핍증후군
栄養器官	vegetative organ	영양기관
栄養生殖	vegetative reproduction	영양생식
栄養段階	trophic level	영양단계
栄養要求株，栄養要求突然変異体	auxotroph/nutrient requiring mutant/nutritional mutant	영양요구주, 영양요구돌연변이체
エキソサイトーシス，開口分泌	exocytosis	엑소시토시스, 외포작용
エキソン	exon	엑슨
液胞	vacuole	액포
エタノール	ethanol	에탄올
エチレン	ethylene	에틸렌
エネルギー	energy	에너지
エネルギー効率	energy efficiency	에너지 효율
エネルギー代謝	energy metabolism	에너지 대사
エネルギーピラミッド	pyramid of energy	에너지 피라미드
塩基	base	염기
塩基対	base pair	염기쌍
塩基配列	base sequence	염기 순서
遠近調節	accommodation	순응/조절
円形ダンス	round dance	원형 춤
炎症	inflammation	염증
猿人	ape man	원인
遠心性神経	efferent nerve	원심성 신경
遠心分離機	centrifuge	원심분리기
延髄	medulla oblongata	연수
遠赤色光	far-red light	원적색광(근적외선)
エンドサイトーシス，飲食作用	endocytosis	세포내섭취(엔도시토시스)
お 黄斑	macula	황반
横紋筋	striated muscle	횡문근
おおい膜	tectorial membrane	덮개막

日本語	English	한국어
オーキシン	auxin	옥신
岡崎フラグメント	Okazaki fragment	오카자키 절편
おしべ	stamen	수술
オゾン層	ozone layer	오존층
オプシン	opsin	옵신
オペレーター	operator	작동유전자(오퍼레이터)
オペロン	operon	오페론
オペロン説	operon theory	오페론설
オルニチン回路	ornithine cycle	오르니틴 회로
温覚	sense of warmth	온각
温室効果	greenhouse effect	온실효과
温室効果ガス	greenhouse effect gas	온실효과가스
温帯草原	temperate grassland	온대초원
温点	warm spot	온점
温度傾性	thermonasty	감열성
科	family	과
界	kingdom	계
介在ニューロン	interneuron	사이뉴런(연합뉴런)
外耳	external ear	외이
開始コドン	start codon	개시 코돈
階層構造	layered structure/stratification	계층구조
解糖	glycolysis	해당과정
解糖系	glycolytic pathway	해당경로
外胚葉	ectoderm	외배엽
海馬	hippocampus	해마
灰白質	grey matter	회백질
外分泌腺	exocrine gland/duct gland	외분비샘
開放血管系	open blood-vascular system	개방혈관계
外膜	outer membrane	외막
海綿状組織	spongy parenchyma/spongy tissue	해면유조직/해면조직
海綿動物	sponge	해면동물
外来生物	alien species/exotic species	외래종
花芽	flower bud	꽃눈
化学屈性	chemotropism	화학굴성
化学合成	chemosynthesis	화학합성
化学合成細菌	chemosynthesis bacteria	화학합성세균
化学受容器	chemoreceptor	화학수용기
化学進化	chemical evolution	화학진화
化学走性	chemotaxis	주화성
化学的防御	chemical defense	화학적 방어
花芽形成	flower-bud formation/flower initiation	꽃맺음(꽃눈형성)
かぎ刺激(信号刺激)	key stimulus(sign stimulus)	열쇠자극(신호자극)
核	nucleus	핵
がく	calyx	꽃받침
核移植	nuclear transplantation	핵 이식
顎口動物	gnathostomulid	악구동물
拡散	diffusion	확산
核酸	nucleic acid	핵산
角質層	horny layer	각질층
学習	learning	학습

日本語	English	한국어
核小体	nucleolus	인
核相	nuclear phase	핵상
獲得形質	acquired character	획득형질
獲得免疫	acquired immunity	획득면역
核分裂	nuclear division	핵분열
角膜	cornea	각막
核膜	nuclear membrane	핵막
核膜孔	nuclear pore	핵공
学名	scientific name	학명
攪乱	disturbance	교란
隔離	isolation	격리
隔離説	isolation theory	격리설
過酸化水素	hydrogen peroxide	과산화수소
果実	fruit	과실(열매)
花成ホルモン，フロリゲン	flowering hormone/florigen	개화 호르몬, 플로리겐
化石	fossil	화석
化石燃料	fossil fuels	화석연료
下大静脈	inferior vena cava	하대정맥
カタラーゼ	catalase	카탈라아제
割球	blastomere	할구
活性化エネルギー	activation energy	활성화 에너지
活性部位	active site	활성부위
褐藻類	brown algae	갈조류
活動電位	action potential	활동전위
活動電流	action current	활동전류
滑面小胞体	smooth endoplasmic reticulum	활면소포체
果糖	fructose	과당
仮道管	tracheid	헛물관
果皮	pericarp	과피
花粉	pollen	꽃가루
花粉管	pollen tube	화분관/꽃가루관
花粉管核	pollen tube nucleus	화분관핵
花粉管細胞	pollen tube cell	화분관세포
花粉四分子	pollen tetrad	화분사분자
花粉症	hay fever/pollen allergy	꽃가루 알레르기
花粉母細胞	pollen mother cell	화분모세포
可変部	variable region	가변부
鎌状赤血球貧血症	sickle cell anemia	겸상적혈구빈혈증
ガラス体	corpus vitreum	유리체
カリウムチャネル	potassium channel/K^+ channel	칼륨 통로(포타슘 통로)
果粒球	granulocyte	과립백혈구
夏緑樹林	summer-green deciduous forest	하록수림
カルシウムポンプ	calcium pump/Ca^{2+} pump	칼슘 펌프
カルス	callus	캘러스
カルビン・ベンソン回路	Calvin-Benson cycle	캘빈-벤슨 회로
カルボキシ基	carboxy group	카르복시기
カロテノイド	carotenoid	카로티노이드
カロテン	carotene	카로틴
がん	cancer	암
感覚	sense/sensation	감각

日本語	English	한국어
感覚器	sense organ/sensory organ	감각기관
感覚細胞	sense cell/sensory cell	감각세포
感覚神経	sensory nerve	감각신경
感覚点	sensory spot/sense spot	감각점
感覚ニューロン	sensory neuron	감각뉴런
感覚毛	sensory hair, sensory epithelium	감각모, 감각상피
感覚野	sensory area	감각령
間期	interphase	간기
眼球	eye ball/opthalmus	안구
環境	environment	환경
環境形成作用	reaction	환경형성작용
環境収容力	carrying capacity/environmental capacity	환경수용력
環境変異	environmental variation	환경변이
環境要因	environmental factors	환경요인
環形動物	annelid	환형동물
幹細胞	stem cell	줄기세포
環状除皮	girdling	환상박피
肝静脈	hepatic vein	간정맥
肝小葉	hepatic lobule	간소엽
乾性遷移	xerarch succession	건성천이
完全培地	complete medium	완전 배지
肝臓	liver	간
管足	tube foot	관족
桿体細胞	rod cell	간상세포(막대세포)
陥入	invagination	함입
間脳	interbrain	간뇌
眼胚	optic cup	안배
カンブリア紀	Cambrian period	캄브리아기
カンブリア大爆発	Cambrian Explosion/Cambrian Big Bang	캄브리아기 대폭발
眼胞	optic vesicle/ocular vesicle	안포
肝門脈	hepatic potal vein	간문맥
冠輪動物	lophotrochozoan	촉수담륜동물
き 紀	period	기
キーストーン種	keystone species	핵심종
記憶細胞	memory cell	기억세포
機械組織	mechanical tissue	기계조직
器官	organ	기관
気管	trachea	기관
器官系	organ system	기관계
器官形成	organogenesis	기관형성
気孔	stoma	기공
基質	substrate	기질
基質特異性	substrate specificity	기질특이성
寄生	parasitism	기생
寄生虫	parasite	기생충
擬態	mimicry	의태
基底膜	basilar membrane/basement membrane	기저막
キネシン	kinesin	키네신
基本組織系	fundamental tissue system	기본조직계
ギャップ	gap	간극(갭)

日本語	English	한국어
ギャップ結合	gap junction	간극연접
嗅覚	sense of smell/olfactory sense	후각
嗅覚器	olfactory organ	후각기관
旧口動物	protostome	원구동물
嗅細胞	olfactory cell	후세포
吸収上皮	absorptive epithelium	흡수상피
吸収スペクトル	absorption spectrum	흡수 스펙트럼
嗅受容器	olfactory receptor	후각수용기
嗅上皮	olfactory epithelium	후각상피
求心性神経	afferent nerve/centripetal nerve	구심성 신경
吸水力	suction force	흡입력
休眠	dormancy	휴면
丘陵帯	hilly zone	구릉대
橋	annular protuberance/pons	환상융기/뇌교
強縮	tetanus	파상풍
共進化	coevolution	공진화
共生	symbiosis	공생
共生説(細胞内共生説)	symbiotic theory(endosymbiotic theory)	공생설(세포 내 공생설)
胸腺	thymus	흉선
競争	competition	경쟁
競争的阻害	competitive inhibition	경쟁적 억제
競争的排除	competitive exclusion	경쟁적 배타
競争排除則	competitive exclusion principle	경쟁배타의 원리
共通祖先	common ancestor	공통조상
恐竜	dinosaur	공룡
極核	polar nucleus	극핵
極性	polarity	극성
極性移動	polar transport	극성이동
極相	climax	극상
極相種	climax species	극상종
極相林	climax forest	극상림
極体	polar body	극체
棘皮動物	echinoderm	극피동물
拒絶反応	rejection	거부반응
魚類	fish	어류
キラーT細胞	killer T cell	살생 T세포
筋	muscle	근
菌界	kingdom Mycota/kingdom fungi	균계
筋原繊維	myofibril	근원섬유
筋細胞	muscle cell	근세포
菌糸	hypha	균사
筋収縮	muscle contraction	근수축
筋繊維	muscle fiber	근섬유
筋組織	muscle tissue	근조직
筋肉	muscle	근육
筋紡錘	muscle spindle	근방추
菌類	fungus(pl.fungi)	균류
く グアニン	guanine	구아닌
食いわけ	food segregation	먹이분화
クエン酸	citric acid	시트르산(구연산)

日本語	English	한국어
クエン酸回路	citric acid cycle	시트르산 회로(구연산 회로)
区画法	quadrat method	방형구법
茎	stem	줄기
くし板	comb plate	빗판
クチクラ	cuticle	각피(큐티클)
クチクラ層	cuticular layer	각피층
屈曲運動	curvature movement	굴곡운동
屈筋反射	flexor reflex	굴근반사
屈湿性	hygrotropism	굴습성
屈触性	haptotropism	굴촉성
屈水性	hydrotropism	굴수성
屈性	tropism	굴성
屈地性	geotropism	굴지성
組換え	recombination	재조합
組換えDNA	recombinant DNA	재조합 DNA
組換え価	recombination value	재조합 값
クモ	spider	거미
グラナ	granum	그라나
グリア細胞	glial cell/glia cell	신경아교세포
グリコーゲン	glycogen	글리코겐(글리코젠)
クリステ	cristae	크리스테
グリセリン	glycerin	글리세린
グリセリン筋	glycerinated muscle	글리세린근
グルカゴン	glucagon	글루카곤
グルコース	glucose	글루코스
グルタミン	glutamine	글루타민
グルタミン酸	glutamic acid	글루탐산
クレアチン	creatin	크레아틴
クレアチンリン酸	creatine phosphate	크레아틴인산
クローニング	cloning	클로닝
クローン	clone	클론
クローン選択説	clonal selection theory	클론 선택설
グロビン	globin	글로빈
クロマチン繊維	chromatin fiber	염색질 섬유
クロロフィル	chlorophyll	엽록소(클로로필)
群生相	gregarious phase	집단적 단계
け 経割	meridional cleavage	경할
形質	character	형질
形質細胞	plasma cell	형질세포
形質置換	character displacement	형질치환
形質転換	transformation	형질전환
形質発現	phenotypic expression	표현형 발현
傾性	nasty	경성
形成層	cambium	형성층
形成体	organizer	형성체
珪藻類	diatoms	규조류
茎頂分裂組織	shoot apical meristem	줄기 정단분열조직
系統	line/pedigree	계통/가계도
系統樹	phylogenetic tree	계통수(계통도)
系統分類	phylogenetic classification	계통분류

日本語	English	한국어
警報フェロモン	alarm pheromone	경보 페로몬
血液	blood	혈액
血液型	blood group/blood type	혈액형
血液凝固	blood coagulation	혈액응고
血液凝固因子	blood coagulation factor	혈액응고인자
血管	blood vessel	혈관
血管系	blood-vascular system	혈관계
血球	blood corpuscle/h(a)emocyte	혈구
結合組織	connective tissue	결합조직
欠失	deletion	결실
血しょう	blood plasma	혈장
血小板	thrombocyte/platelet	혈소판
血清	serum	혈청
血清療法	serotherapy	혈청요법
血糖	blood glucose	혈당
血糖値	blood glucose level	혈당값
血ぺい	blood-clot	피떡(혈병)
解毒作用	detoxication	해독작용
ゲノム	genome	유전체(게놈)
腱	tendon/sinew	건(힘줄)
限界暗期	critical dark period	임계암기
限界原形質分離	incipient plasmolysis	한계 원형질분리
原核細胞	prokaryotic cell	원핵세포
原核生物	Prokaryote	원핵생물
原核生物界	kingdom of procayote	원핵생물계
原基	anlage	원기
嫌気性細菌	anaerobic bacteria	혐기성세균
原基分布図	anlagen plan/fate map	원기분포도/예정배역도
原形質	protoplasm	원형질
原形質流動	protoplasmic streaming	원형질 유동
原形質連絡	protoplansmic connection	원형질 연락
原口	blastopore	원구
原口背唇部	dorsal lip	원구배순부
原索動物	protochordate	원색동물
原始海洋	primordial ocean	원시해양
原腎管	protonephridium	원신관
減数分裂	meiosis	감수분열
原生生物	protist(*pl.*protista)	원생생물
原生生物界	kingdom of protista	원생생물계
原生動物	protozoa	원생동물
元素	element	원소
原腸	archenteron	원장
原腸形成	gastrulation	낭배형성
原腸胚	gastrula	낭배
検定交雑	test cross	검정교배
限定要因	limiting factor	제한요인
原尿	primitive urine	원시뇨
原皮質	archicortex	원시피질
綱	class	강
高エネルギーリン酸結合	high-energy phosphate bond	고 에너지-인산결합

日本語	English	한국어
好塩基球	basophil	호염기백혈구
光化学系	photochemical system	광화학계
光化学反応	photochemical reaction	광화학반응
効果器	effector	효과기
光学顕微鏡	light microscope	광학현미경
甲殻類	crustacean	갑각류
睾丸	testicle	정소, 고환
交感神経	sympathetic nerve	교감신경
後期	anaphase	후기
好気性細菌	aerobic bacteria	호기성세균
工業暗化	industrial melanism	공업암화
抗血清	antiserum	항혈청
抗原	antigen	항원
抗原抗体反応	antigen-antibody reaction	항원항체반응
抗原提示	antigen presentation	항원제시
光合成	photosynthesis	광합성
光合成細菌	photosynthetic bacteria	광합성세균
光合成色素	photosynthetic pigment	광합성색소
光合成速度	photosynthetic rate	광합성속도
硬骨魚類	bony fish	경골어류
虹彩	iris	홍채
交雑	cross	교배
好酸球	acidophil, eosinocyte	호산성백혈구
高山帯	alpine zone	고산대
鉱質コルチコイド	mineral corticoid	무기질 코르티코이드
光周性	photoperiodism	광주기성
恒常性	homeostasis	항상성
甲状腺	thyroid gland	갑상샘
甲状腺刺激ホルモン	thyroid stimulating hormone	갑상샘 자극 호르몬
甲状腺ホルモン	thyroid hormone	갑상샘 호르몬
紅色硫黄細菌	purple sulfur bacteria	홍색 황세균
後成説	epigenesis	후성설
酵素	enzyme	효소
構造遺伝子	structural gene	구조유전자
紅藻類	Rhodophyceae/red algae	홍조류
酵素-基質複合体	enzyme-substrate complex	효소-기질 복합체
抗体	antibody	항체
抗体産生細胞	antibody-forming cell	항체생산세포
好中球	neutrophil	호중성백혈구
高張液	hypertonic solution	고장액
後天性免疫不全症候群	acquired immunodeficiency syndrome	후천성면역결핍증후군(AIDS)
行動	behavior	행동
興奮	excitation	흥분
興奮性シナプス	excitatory synapse	흥분성 시냅스
孔辺細胞	guard cell	공변세포
酵母菌	yeast	효모
高木限界	tree line	수목한계선
高木層	tree layer	교목층
肛門	anus	항문
広葉型	broad leaved type	활엽형

日本語	English	한국어
硬葉樹林	sclerophyllous forest	경엽수림
五界説	Five-Kingdom System	5계 체계
呼吸	respiration	호흡
呼吸基質	respiratory substrate/respiratory substance	호흡기질
呼吸商	respiratory quotient	호흡률
呼吸速度	respiration rate	호흡속도
コケ植物	bryophyte	선태식물
コケ層	moss layer	선태층
古細菌	archaebacterium	고세균
古細菌ドメイン	domain Archaea	고세균역
古生代	Paleozoic era	고생대
個体	individual	개체
個体群	population	개체군
個体群密度	population density	개체군 밀도
個体数ピラミッド	pyramid of numbers	개체수 피라미드
骨格筋	skeletal muscle	골격근
骨髄	bone marrow	골수
古典的条件付け	classical conditioning	고전적 조건화
孤独相	solitary phase	단독상
コドン	codon	코돈
コハク酸	succinic acid	숙신산
コハク酸脱水素酵素	succinate dehydrogenase	숙신산 탈수소효소
古皮質	paleocortex	고피질(구피질)
糊粉層	aleurone layer	호분층
鼓膜	tympanum	고막
コラーゲン	collagen	콜라젠
ゴルジ体	Golgi body	골지체
コルチ器	Organ of Corti	코르티기관
根冠	root cap	뿌리골무
痕跡器官	vestigial organ	흔적기관
根端分裂組織	root apical meristem	근단분열조직
昆虫	insect	곤충
根毛	root hair	뿌리털
根粒	root nodule	뿌리혹
根粒菌	root nodule bacteria/rhizobium	뿌리혹 박테리아/리조븀
さ 再吸収	reabsorption	재흡수
細菌(バクテリア)	bacteria	세균(박테리아)
細菌ドメイン	domain Bacteria	세균역
最終収量一定の法則	law of constant final yield	최종수량일정법칙
最小培地	minimal medium	최소 배지
最適pH	optimum pH	최적pH
最適温度	optimum temperature	최적온도
サイトカイニン	cytokinin	시토키닌
サイトカイン	cytokine	시토카인
細尿管	uriniferous tubule	세뇨관
細胞	cell	세포
細胞液	cell sap	세포액
細胞外液	extracellular fluid	세포외액
細胞結合	cell junction/cell adhesion	세포연접/세포결합
細胞群体	cell colony	세포군체

日本語	English	한국어
細胞呼吸	cellular respiration	세포호흡
細胞骨格	cytoskeleton	세포골격
細胞質	cytoplasm	세포질
細胞質基質	cytoplasmic matrix	세포질 기질
細胞質分裂	cytokinesis/cytoplasmic division	세포질 분열
細胞質流動	cytoplasmic streaming	세포질 유동
細胞周期	cell cycle	세포주기
細胞小器官	organelle	세포 소기관
細胞性免疫	cell-mediated immunity	세포성 면역
細胞説	cell theory	세포설
細胞接着	cell adhesion	세포 부착
細胞体	cell body	세포체
細胞内共生	endosymbiosis	세포 내 공생
細胞内共生説	endosymbiotic theory	세포 내 공생설
細胞板	cell plate	세포판
細胞分画法	cell fractionation	세포분획법
細胞分裂	cell division	세포분열
細胞壁	cell wall	세포벽
細胞膜	cell membrane	세포막
細胞融合	cell fusion	세포융합
酢酸カーミン	acetocarmine	아세토카민
さく状組織	palisade parenchyma	책상조직
鎖骨下静脈	subclavian vein	쇄골하정맥
左心室	left ventricle	좌심실
左心房	left atrium	좌심방
雑種	hybrid	잡종
雑種第一代(F 1)	first filial generation	잡종 제1대
雑種第二代(F 2)	second filial generation	잡종 제2대
砂漠	desert	사막
サバンナ	savanna(h)	사바나
作用	action	작용
作用スペクトル	action spectrum	작용 스펙트럼
サルコメア	sarcomere	근절
三界説	Three-Kingdom System	3계 체계
酸化酵素	oxidase	산화효소
酸化的リン酸化	oxidative phosphorylation	산화적 인산화
三次構造	tertiary structure	3차 구조
三次消費者	tertiary consumer	3차 소비자
三畳紀	Triassic period	트라이아스기
酸性雨	acid rain	산성비
酸素	oxygen	산소
酸素解離曲線	oxygen dissociation curve	산소해리곡선
酸素ヘモグロビン	oxyhemoglobin	산소헤모글로빈
山地帯	montane zone	산지대
三点交雑	three-point test	삼점교배
三点交雑法	three-point cross	삼점교배법
三ドメイン説	three domain system	삼역체계
三葉虫	trilobite	삼엽충
シアノバクテリア	cyanobacteria	남세균
視覚	visual sense	시각

日本語	English	한국어
視覚器	optic organ	시각기관
自家受精	self-fertilization	자가수정
師管	sieve tube	체관
軸索	axon	축삭(돌기)
シグナル伝達・情報伝達	signal transduction	신호전달(정보전달)
刺激	stimulus	자극
始原生殖細胞	primordial germ cell	원시생식세포
試行錯誤	trial and error	시행착오
自己免疫疾患	autoimmune disease	자가면역병
視細胞	visual cell	시세포
脂質	lipid	지질
脂質二重層	lipid bilayer	지질이중층
示準化石	index fossil	표준화석
視床	thalamus	시상
視床下部	hypothalamus	시상하부
耳小骨	auditory ossicle	이소골
自食作用・オートファジー	autophagy	자가소화작용
視神経	optic nerve	시신경
雌性配偶子	female gamete	암배우자
自然浄化	natural purification	자연정화
自然選択	natural selection	자연선택
自然選択説	natural selection theory	자연선택설
自然発生	spontaneous generation	자연발생
自然分類	natural classification	자연분류
自然免疫	natural immunity	자연면역
示相化石	facies fossil	시상화석
四足類	tetrapod	사족류
始祖鳥	archeopteryx	시조새
舌	tongue	혀
シダ植物	pteridophytes	양치식물
膝蓋腱反射	patellar tendon reflex	슬개건반사(PTR)
失活	inactivation	불활성화
湿性遷移	hydrarch succession	수생천이
湿地	wetland	습지
シトシン	cytosine	사이토신
シナプス	synapse	시냅스
シナプス間隙	synaptic cleft	시냅스 간극
シナプス後細胞	postsynaptic cell	시냅스후 세포
シナプス小胞	synaptic vesicle	시냅스 소포
シナプス前細胞	presynaptic cell	시냅스전 세포
子嚢菌類	ascomycetes	자낭균류
子嚢胞子	ascospore	자낭포자
師部	phloem	체관부
視物質	visual pigment	시각 색소
ジベレリン	gibberellin	지베렐린
脂肪	fat	지방
子房	ovary	씨방
脂肪酸	fatty acid	지방산
刺胞動物	cnidarian	자포동물
死亡量・枯死量	amount of death	사망량・고사량

日本語	English	한국어
社会性昆虫	social insect	사회성 곤충
シャジクモ類	charophyte	차축 조류
種	species	종
縦割(経割)	meridional cleavage	경할, 세로분할
終期	telophase	말기
集合管	collecting tubule	집합관
集合フェロモン	aggregation pheromone	집합 페로몬
終止コドン	termination codon	종결암호(종결 코돈)
従属栄養生物	heterotroph	종속영양생물
収束進化, 収れん	convergent evolution	수렴진화
柔組織	parenchyma	유조직
シュート	shoot	어린싹, 새가지
重複	duplication	중복
重複受精	double fertilization	중복수정
就眠運動	nyctinastic movement	수면운동
重力屈性	geotropism	굴지성
重力走性	geotaxis	주지성
種間競争	interspecific competition	종간경쟁
宿主	host	숙주
種子	seed	종자
種子植物	spermatophyte/seed plant	종자식물
樹状細胞	dendritic cell	수지상 세포
樹状突起	dendrite	수지상 돌기
種小名	specific name	종명
受精	fertilization	수정
受精丘	fertilization cone	수정돌기
受精膜	fertilization membrane	수정막
受精卵	fertilized egg	수정란
出芽	budding	출아
受動輸送	passive transport	수동수송
種内競争	intraspecific competition	종내경쟁
種の起源	Origin of Species	종의 기원
種の多様性	species diversity	종의 다양성
珠皮	integument	주피
種皮	seed coat	종피
種分化	speciation	종분화
受容器	receptor	수용기관
受容体	receptor	수용체
シュワン細胞	Schwann cells	슈반세포
順位	dominance hierarchy	순위제
春化処理	vernalization	춘화처리
循環系	circulatory system	순환계
純系	pure line	순계
純生産量	net production	순생산량
子葉	cotyledon	떡잎
硝化	nitrification	질화
硝化菌	nitrifying bacteria	질화균
小割球	micromere	소할구
条件刺激	conditioned stimulus	조건자극
条件づけ	conditioning	조건형성

日本語	English	한국어
条件反応	conditioned response	조건반응
蒸散	transpiration	증산
硝酸還元	nitrate reduction	질산환원
硝酸菌	nitrate bacteria	질산균
常染色体	autosome	상염색체
小脳	cerebellum	소뇌
消費者	consumer	소비자
上皮組織	epithelial tissue	상피조직
小胞体	endoplasmic reticulum	소포체
情報伝達物質	signal transmitter	정보전달물질
静脈	vein	정맥
静脈血	venous blood	정맥혈
静脈弁	valve of vein	정맥판
照葉樹林	laurel forest	상록활엽수림
常緑樹林	evergreen forest	상록수림
初期発生	early development	초기발생
食作用	phagocytosis	식작용
植生	vegetation	식생
植生遷移	plant succession	식생천이
触媒	catalyst	촉매
植物界	kingdom Plantae	식물계
植物極	vegetal pole	식물극
植物群落	plant community	식물군락
植物半球	vegetative hemisphere	식물반구
植物ホルモン	phytohormone	식물호르몬
食物網	food web	먹이그물
食物連鎖	food-chain	먹이사슬
助細胞	synergid	조세포
触覚	tactile sence	촉각
自律神経	autonomic nerve	자율신경
自律神経系	autonomic nervous system	자율신경계
腎う	renal pelvis	신우
心黄卵	centrolecithal egg	중황란
進化	evolution	진화
真核細胞	eucaryotic cell	진핵세포
真核生物	eucaryote	진핵생물
真核生物ドメイン	domain Eukaryota	진핵생물역
心筋	cardiac muscle	심근
神経	nerve	신경
神経管	neural tube	신경관
神経筋標本	nerve-muscle preparation	신경근표본
神経系	nervous system	신경계
神経溝	neural groove	신경구
神経膠細胞	neuroglial cell/glia cell	신경(아)교세포
神経細胞	nerve cell/neuron	신경세포
神経褶	neural fold	신경주름
神経終末	nerve ending	신경말단
神経鞘	neurilemma	신경집
神経節	ganglion	신경절
神経繊維	nerve fiber	신경섬유

日本語	English	한국어
神経組織	nervous tissue	신경조직
神経伝達物質	neurotransmitter	신경전달물질
神経突起	neurite/nerve axon	신경돌기/신경축삭
神経胚	neurula	신경배
神経板	neural plate	신경판
神経分泌	neurosecretion	신경분비
神経分泌細胞	neurosecretory cell	신경분비세포
神経誘導	neural induction	신경유도
新口動物	deuterostome	후구동물
腎細管	renal tubule	세뇨관
真獣類	therian	짐승류
腎小体	renal corpuscle	신소체
親水性	hydrophilicity	친수성
新生代	Cenozoic era	신생대
腎節	nephrotome	신절
心臓	heart	심장
腎臓	kidney	신장
心臓拍動・心臓の拍動	heart beat	심장박동
腎単位	nephron	네프론
伸長成長	extension growth	신장 성장
浸透	osmosis	삼투현상
浸透圧	osmotic pressure	삼투압
真皮	dermis	진피
新皮質	neocortex	신피질
針葉樹林	coniferous forest	침엽수림
侵略的外来生物	invasive alien species	침투외래종
森林	forest	삼림
森林限界	forest line/forest limit	삼림한계
人類	human race	인류
す 随意運動	voluntary movement	수의운동
随意筋	voluntary muscle	수의근
水管系	water-vascular system	수관계
水系生態系	aquatic ecosystem	수생생태계
髄質	medulla	수질(속질)
髄鞘	myelin sheath	미엘린, 수초
水晶体	crystalline lens	수정체
膵臓	pancreas	췌장
水素結合	hydrogen bond	수소결합
錐体細胞	cone cell	원추세포
垂直分布	vertical distribution	수직분포
すい島，すい臓のランゲルハンス島	pancreatic islet/Langerhans' islet	이자섬, 랑게르한스섬
水平分布	horizontal distribution	수평분포
スクラーゼ	sucrase	수크라아제
スクロース	sucrose	설탕, 자당
ステップ	steppe	온대초원
ステロイド	steroid	스테로이드
ストロマ	stroma	스트로마
ストロマトライト	stromatolite	스트로마톨라이트
スプライシング	splicing	이어맞추기
滑り説	sliding filament theory	(필라멘트)활주설

日本語	English	한국어
すみわけ	habitat segregation	서식지 분리
刷込み	imprinting	각인
せ 精核	sperm nucleus	정핵
生活環	life cycle	생활사, 생활 주기
制限酵素	restriction enzyme	제한효소
精原細胞	spermatogonium	정원세포
精細胞	spermatid	정세포
生産構造	productive structure	생산구조
生産構造図	productive structure diagram	생산구조도
生産者	producer	생산자
精子	spermatozoon/sperm	정자
精子形成	spermatogenesis	정자형성
静止中心説	quiescent center theory	분열정지중심설
静止電位	resting potential	휴지전위
星状体	aster/astral body	성상체
生殖	reproduction	생식
生殖器官	reproductive organ	생식기관
生殖細胞	reproductive cell/germ cell	생식세포
生殖的隔離	reproductive isolation	생식적 격리
生成物	product	생성물
性染色体	sex chromosome	성염색체
性選択	sexual selection	성선택
精巣	testis	정소
生存競争	struggle for existence	생존경쟁
生存曲線	survival curve	생존곡선
成体	adult	성체
生態型	ecotype/ecological form	생태형
生態系	ecosystem	생태계
生態系サービス	ecosystem services	생태계 서비스
生態系の多様性	ecosystem diversity	생태계 다양성
生態系の復元力	ecosystem resilience/ecosystem restoration	생태계 복원력
生体触媒	biocatalyst	생체촉매
生態的地位	niche	생태적 지위
生態的同位種	ecological equivalent species	생태적 동위종
生態ピラミッド	ecological pyramid	생태 피라미드
生体防御	biophylaxis	생체방어
生体膜	biomembrane	생체막
成長運動	growth movement	생장운동
成長曲線	growth curve	생장곡선
成長ホルモン	growth hormone	생장호르몬
成長量	amount of growth/biomass increment	생장량
性淘汰	sexual selection	성선택
生得的行動	innate behavior	선천적 행동
正の屈性	positive tropism	양성굴성
正の走性	positive taxis	양성주성
正のフィードバック	positive feedback	양성 피드백
性フェロモン	sex pheromone	성페로몬
生物学的種概念	biological species concept	생물학적 종 개념
生物群系／バイオーム	biome	생물군계/바이옴
生物群集	biotic community/biocenosis	생물군집

日本語	English	한국어
生物多様性／生物の多様性	biodiversity	생물다양성
生物的環境	biotic environment	생물적 환경
生物時計(体内時計)	biological clock	생물시계(체내시계)
生物濃縮	biological concentration/biomagnification	생물농축
生物量	biomass	생체량
精母細胞	spermatocyte	정모세포
生命の起源	origin of life	생명의 기원
生命表	life table/mortality table	생명표
生理食塩水	physiological salt solution	생리식염수
脊索	notochord/chorda	척삭
脊索動物	chordata	척삭동물
脊髄	spinal cord	척수
脊髄神経	spinal nerve	척수신경
脊髄反射	spinal reflex	척수반사
石炭紀	Carboniferous period	석탄기
脊椎動物門	Vertebrata	척추동물문
赤道面	equatorial plane	적도면
赤緑色盲	red-green blindness	적녹색맹
脊椎動物	vertebrate	척추동물
接眼ミクロメーター	ocular micrometer	접안마이크로미터
接眼レンズ	ocular/eye piece	접안렌즈
赤血球	erythrocyte	적혈구
接合	conjugation	접합
接合菌類	zygomycetes	접합균류
接合子	zygote	접합자
接合胞子	zygospore	접합포자
接触屈性	thigmotropism/haptotropism	굴촉성
接触傾性	thigmonasty	감촉성
接触走性	thigmotaxis	주촉성
摂食量	amount of food feeding	섭식량
節足動物	arthropods	절지동물
接着結合	adherens junction	접착결합
絶滅	extinction	절멸
ゼリー層	jelly coat	젤리층
セルロース	cellulose	셀룰로스
腺	gland	샘(선)
遷移	succession	천이
全か無かの法則	all-or-none law/all or nothing principle	실무율
全割	holoblastic cleavage	전할
先カンブリア時代	Precambrian era	선캄브리아대
前期	prophase	전기
先駆種	pioneer species	선구종
先駆植物／パイオニア植物	pioneer plant	선구식물
線形動物	round worm/nematode	선형동물
前後軸	antero-posterior axis	전후축
染色体	chromosome	염색체
染色体地図	chromosome map	염색체 지도
染色分体	chromatid	염색분체
先体	acrosome	첨체
先体反応	acrosome reaction	첨체반응

日本語	English	한국어
選択的遺伝子発見	differential gene expression	선택적 유전자발현
選択的透過性	selective permeability	선택적 투과성
前庭	vestibule	전정기관
前庭階	scala vestibuli	전정계
先天性免疫	innate immunity	선천성 면역
全透性	non-selective permeability	비선택적 투과성
全透膜	permeable membrane	투과성 막
セントラルドグマ	central dogma	중심 원리
全能性	totipotency	전형성능
潜伏期	latency/latent period	잠복기
繊毛	cilium	섬모
繊毛虫類	ciliate	섬모충류
そ 造血幹細胞	hematopoietic stem cell	조혈줄기세포
草原	grassland	초원
相似器官	analogous organ	상사기관
桑実胚	morula	상실배
走性	taxis	주성
総生産量	gross production	총생산량
相同	homology	상동
相同器官	homologous organ	상동기관
相同染色体	homologous chromosome	상동염색체
挿入	insertion	삽입
相変異	phase variation/phase polymorphism	상변이/상다형성
相補性	complementarity	상보성
草本層	herbaceous layer	초목층
相利共生	mutualism	상리공생
藻類	alga(*pl.*alagae)	조류
属	genus	속
側芽	lateral bud	곁눈
側鎖	side chain	곁사슬
側板	lateral plate	측판
組織	tissue	조직
組織液	tissue fluid	조직액
組織幹細胞	tissue stem cell	조직줄기세포
組織系	tissue system	조직계
疎水結合	hydrophobic bond	소수성 결합
疎水性	hydrophobicity	소수성
粗面小胞体	rough endoplasmic reticulum	조면소포체
た ターミネーター	terminator	종결서열, 종결순서
代／世代	generation	대/세대
第一極体	first polar body	제1극체
第一分裂(減数分裂の)	first division	제1감수분열
体液	body fluid	체액
体液性免疫	humoral immunity	체액성 면역
体温	body temperature	체온
体温調節	thermoregulation	체온조절
退化	degeneration/devolution	퇴화
体外環境	external environment	체외환경
体外受精	external fertilization	체외수정
大割球	macromere	대할구

日本語	English	한국어
体腔	body cavity	체강
対合	synapsis	시냅스
大後頭孔	foramen magnum	대후두공, 대공
体細胞分裂	mitotic cell division/mitosis/somatic division	체세포분열
体軸	body axis	체축
代謝	metabolism	대사
体循環	systemic circulation	체순환
大静脈	vena cava	대정맥
体性神経系	somatic nervous system	체성신경계
体節	segment/somite	체절
大腸	large intestine	대장
大動脈	aorta	대동맥
体内環境	internal environment	체내환경
体内受精	internal fertilization	체내수정
第二極体	second polar body	제2극체
第二分裂(減数分裂の)	second division	제2감수분열
ダイニン	dynein	디네인(다이네인)
大脳	cerebrum	대뇌
大脳新皮質	cerebral neocortex	대뇌신피질
大脳髄質	cerebral medulla	대뇌수질
大脳皮質	cerebral cortex	대뇌피질
大脳辺縁系	limbic system	대뇌변연계
対物ミクロメーター	objective micrometer	대물 마이크로미터
対物レンズ	objective	대물렌즈
対立遺伝子	allele	대립유전자
対立形質	allelomorph/allelic character	대립형질
大量絶滅	mass extinction	대량절멸
多核体／多核細胞	coenocyte/apocyte/multinucleate cell	다핵체/다핵세포
多細胞生物	multicellular organism	다세포생물
多精拒否	polyspermy block	다정자 수정 차단
腺染色体	salivary gland chromosome	침샘염색체
脱アミノ反応	deamination	탈아미노반응
脱水素酵素／デヒドロゲナーゼ	dehydrogenase	탈수소효소
脱窒	denitrification	탈질소(반응)
脱窒菌	denitrifying microbe	탈질균
脱皮	molt/ecdysis	탈피
脱分化	dedifferentiation	탈분화
多糖	polysaccharide	다당류
種	species	종
多年生植物	perennial plant	다년생식물
多様性	diversity	다양성
端黄卵	telolecithal egg	단황란
胆管	bile duct	담관
単球	monocyte	단구
単孔類	monotreme	단공류
単細胞生物	unicellular organism	단세포생물
炭酸固定回路	carbon dioxide fixation cycle	이산화탄소 고정회로
炭酸同化	carbon dioxide assimilation	탄소동화
担子菌類	basidiomycetes	담자균류
短日植物	short-day plant	단일식물

日本語	English	한국어
短日処理	short-day treatment	단일처리
担子胞子	basidiospore	담자포자
単収縮	twitch	연축
胆汁	bile	담즙
炭水化物	carbohydrate	탄수화물
単相	haplophase	단상
炭素循環	carbon cycle	탄소순환
単糖	monosaccharide	단당
胆のう	gallbladder/gall bladder	쓸개(담낭)
タンパク質	protein	단백질
ち 地衣類	lichens	지의류
遅延性アレルギー	delayed-type-allergy	지연성 알러지
置換	substitution	치환
地球温暖化	global warming	지구온난화
地球生態系	global ecosystem	지구생태계
地質時代	geological age	지질시대
窒素	nitrogen	질소
窒素固定	nitrogen fixation	질소고정
窒素固定細菌	nitrogen fixing bacteria	질소고정세균(뿌리혹박테리아)
窒素固定生物	nitrogen fixing organism	질소고정생물
窒素循環	nitrogen cycle	질소순환
窒素同化	nitrogen assimilation	질소동화
知能行動	intelligent behavior	지능행동
チミン	thymine	타이민(티민)
チャネル	channel	통로
中央細胞	central cell	중앙세포
中割球	mesomere	중할구
中間径フィラメント	intermediate filament	중간 필라멘트
中期	metaphase	중기
中規模攪乱仮説	intermediate disturbance hypothesis	중간교란설
中耳	middle ear	중이
中心小体(中心粒)	centriole	중심립
中心体	centrosome	중심체
中枢神経系	central nervous system	중추신경계
中性植物	day-neutral plant	중성식물
中生代	Mesozoic era	중생대
柱頭	stigma	암술머리
中脳	mid-brain	중뇌
中脳反射	mid-brain reflex	중뇌반사
中胚葉	mesoderm	중배엽
中胚葉誘導	mesoderm induction	중배엽유도
チューブリン	tubulin	튜불린
中立進化説(分子進化の中立説)	neutral theory of melecular evolution	분자진화중립설
頂芽	terminal bud/apical bud	끝눈
聴覚	auditory sence	청각
聴覚器	auditory organ	청각기관
聴覚野	auditory area	청각령
頂芽優勢	apical dominance	정단우세현상
聴細胞	auditory cell	청세포
長日植物	long-day plants	장일식물

日本語	English	한국어
長日処理	long-day treatment	장일처리
聴神経	auditory nerve/acoustic nerve	청신경
調節遺伝子	regulatory gene	조절유전자
調節タンパク質	regulatory protein	조절단백질
調節卵	regulation egg	조절란
頂端分裂組織	apical meristem	정단분열조직
跳躍伝導	saltatory conduction	도약전도
鳥類	birds	조류
直立二足歩行	erect bipedalism	직립 두발보행
貯蔵組織	storage tissue	저장조직
貯蔵デンプン	storage starch/reserve starch	저장전분
チラコイド	thylakoid	틸라코이드
地理的隔離	geographical isolation	지리적 격리
地理的分布	geographical distribution	지리적 분포
チロキシン	thyroxine	티록신
チン小帯	zonula zinnii	Zinn 띠
つ 痛点	pain spot	통점
ツベルクリン反応	tuberculin reaction	투베르쿨린반응
ツンドラ	tundra	툰드라
ツンベルク管	Thunberg tube	툰베리관
て 定常部	constant region	불변부
低張	hypotonic	저장
低張液	hypotonic solution	저장액
低木層	shrub layer/bush layer	관목층
デオキシリボース	deoxyribose	데옥시리보스
デオキシリボ核酸	deoxyribonucleic acid/DNA	데옥시리보핵산(DNA)
適応	adaptation	적응
適応進化	adaptive evolution	적응진화
適応度	fitness/Darwinian fitness	적응도
適応放散	adaptive radiation	적응방산
適応免疫	adaptive immunity	적응면역
適刺激	adequate stimulus	적합자극
デボン紀	Devonian period	데본기
転移RNA	transfer RNA	운반 RNA
電気泳動(法)	electrophoresis	전기영등법
電子顕微鏡	electron mocroscope	전자현미경
電子伝達系	electron transport system	전자전달계
転写	transcription	전사
転写調節領域	transcriptional regulatory region	전사조절영역
伝達	transmission	전달
伝達物質	transmitter	전달물질
伝導	conduction	전도
伝導速度	conduction velocity	전도속도
デンプン	starch	전분
伝令RNA	messenger RNA	전령RNA
と 糖	sugar	당류
等黄卵	isolecithal egg	등황란
同化	anabolism/assimilation	동화
同化器官	assimilation organ/assimilatory organ	동화기관
同化作用	anabolism/assimilation	동화작용

日本語	English	한국어
同化組織	assimilation tissue	동화조직
等割	equal cleavage	등할
同化量	gross production	총생산량
道管	trachea/vessel	도관
同義遺伝子	multiple gene	다중유전자
同形接合	isogamous conjuction	동형접합
同形配偶子	isogamete	동형배우자
動原体	centromere/kinetochore	동원체
瞳孔	pupil	동공
瞳孔反射	pupillary reflex/pupil reflex	동공반사
糖質コルチコイド	glucocorticoid	당질코르티코이드
同所的種分化	sympatric speciation	동소적 종분화
透析	dialysis	투석
頭足類	cephalopod	두족류
糖タンパク質	glycoprotein	당단백질
等張	isotonic	등장
等張液	isotonic solution	등장액
糖尿病	diabetes mellitus/diabetes	당뇨병
動物界	kingdom Animalia	동물계
動物極	animal pole	동물극
動物半球	animal hemisphere	동물반구
洞房結節	sinoatrial node	동방결정
動脈	artery	동맥
動脈血	arterial blood	동맥혈
透明層(ウニの受精卵)	hyaline layer	유리질 층(성게의 수정란)
独立栄養	autotrophism	독립영양
独立栄養生物	autotroph	독립영양생물
独立の法則	law of independence	독립의 법칙
土壌	soil	토양
突然変異	mutation	돌연변이
突然変異説	mutation theory	돌연변이설
突然変異体	mutant	돌연변이체
ドメイン	domain	역
トリプシン	trypsin	트립신
トリプトファン	tryptophan	트립토판
トロポニン	troponin	트로포닌
トロポミオシン	tropomyosin	트로포미오신
トロンビン	thrombin	트롬빈
内耳	inner ear	내이
内臓筋	visceral muscle	내장근
内胚葉	endoderm	내배엽
内部環境	internal environment	내부환경
内分泌系	endocrine system	내분비계
内分泌腺	endocrine gland	내분비샘
流れ走性	rheotaxis	주류성
ナトリウムチャネル	sodium channel	나트륨 통로(소듐 통로)
ナトリウムポンプ	sodium pump	나트륨 펌프(소듐 펌프)
慣れ	habituation	습관화
縄張り	territory	영역
軟骨魚類	cartilaginous fish	연골어류

日本語	English	한국어
軟体動物	mollusc	연체동물
に 二遺伝子雑種	dihybrid	양성잡종
二界説	Two-Kingdom System	2계 체계
二価染色体	bivalent chromosome	2가염색체
二酸化炭素	carbon dioxide	이산화탄소
二次応答	secondary response	2차응답
二次間充織	secondary mesenchyme	2차간충직
二次間充織細胞	secondary mesenchyme cell	2차간충직 세포
二次構造	secondary structure	2차구조
二次消費者	secondary consumer	2차소비자
二次精母細胞	secondary spermatocyte	2차정모세포
二次遷移	secondary succession	2차천이
二次胚	secondary embryo	2차배아
二重膜	double membrane	이중막
二重らせん構造	double helix	이중나선(구조)
二畳紀	Permian period	페름기
二次卵母細胞	secondary oocyte	2차난모세포
ニッチ	niche	(생태적)지위
ニッチ分化	niche separation/niche segregation	생태지위 분할
二糖	disaccharide	이당류
二胚葉動物	diploblastica	이배엽동물
二枚貝類	bivalve	이매패류
二名法	binomial nomenclature	이명법
乳酸	lactic acid	젖산(유산)
乳酸発酵	lactic acid fermentation	젖산발효(유산발효)
乳糖	lactose	유당
ニューロン	neuron	뉴런
尿	urine	오줌
尿管	urinary duct/ureter	요관
尿細管(細尿管)	renal tuble, uriniferous tubule	세뇨관
尿酸	uric acid/urate	요산
尿素	urea	요소
尿素回路	urea cycle	요소회로
ぬ ヌクレオソーム	nucleosome	뉴클레오솜
ヌクレオチド	nucleotide	뉴클레오타이드
ね 根	root	뿌리
熱帯多雨林	tropical rain forest	열대우림
ネフロン	nephron	네프론
粘液	mucus	점액
粘菌類(変形菌類)	myxomycetes	점균류(변형균류)
粘膜	mucous membrane/mucosa	점막
年齢ピラミッド	age pyramid	연령피라미드
の 脳	brain	뇌
脳下垂体(下垂体)	pituitary gland	뇌하수체
脳下垂体後葉	posterior pituitary	뇌하수체후엽
脳下垂体前葉	anterior pituitary	뇌하수체전엽
脳下垂体ホルモン	pituitary hormone	뇌하수체호르몬
脳幹	brain stem	뇌간
脳神経	cranial nerve	뇌신경
能動輸送	active transport	능동수송

日本語	English	한국어
濃度勾配	concentration gradient	농도 기울기
脳梁	callosum/corpus callous	뇌량
乗換え	crossing over	교차
ノルアドレナリン	noradrenalin	노르아드레날린
は 葉	leaf	잎
バージェス動物群	Burgess shale Biota/Burgess fauna	버제스동물군
ハーディ・ワインベルグの法則	Hardy-Weinberg's law	하디-바인베르크의 법칙
胚	embryo	배
肺	lung	폐
灰色三日月環	gray crescent	회색신월환
肺炎双球菌	pneumococcus	폐렴구균
バイオーム	biome	생물군계
バイオテクノロジー	biotechnology	생명공학
配偶子	gamete	배우자
配偶子形成	gametogenesis	배우자형성
配偶体	gametophyte	배우(자)체
胚形成	embryogenesis	배형성
背根	dorsal root	배근
胚軸	hypocotyl	배축
胚珠	ovule	배주
肺循環	pulmonary circulation	폐순환
肺静脈	pulmonaty vein	폐정맥
倍数性	(poly) ploidy	배수성
倍数体	(poly) ploid	배수체
胚性幹細胞・ES細胞	embryonic stem cell/ES cell	배아줄기세포(ES세포)
肺動脈	pulmonary artery	폐동맥
胚乳	albumen/endosperm	배젖(배유)
胚のう	embryo sac	배낭
胚のう細胞	embryo-sac cell	배낭세포
胚のう母細胞	embryo-sac mother cell	배낭모세포
背腹軸	dorso-ventral axis/dorsal-ventral axis/vertical axis	등배축
肺胞	alveolus/alveoli	폐포
胚膜	embryonic membrane	배막
胚葉	germ layer	배엽
白亜紀	Cretaceous period	백악기
麦芽糖	maltose	맥아당
白質	white matter	백질
バクテリア	bacteria	박테리아
バクテリオクロロフィル	bacteriochlorophyll	세균엽록소
バクテリオファージ	bacteriophage	박테리오파지
バソプレシン	vasopressin	바소프레신
は虫類	reptile	파충류
発芽	germination	발아
白血球	leukocyte	백혈구
発現	expression	발현
発現調節	expression regulation	발현조절
発酵	fermentation	발효
発光	luminescence	발광
発生	development	발생

日本語	English	한국어
発生運命	developmental fate	발생운명
発生反復説, 反復説	recapitulation theory	발생반복설, 반복설
鼻	nose	코
盤割	discoidal cleavage/cliscoidal cleavage	반할
半規管	semicircular canal	반고리관
反射	reflex	반사
反射弓	reflex arc	반사궁, 반사활
反射中枢	reflex center	반사중추
伴性遺伝	sex-linked inheritance	반성유전
反足細胞	antipodal cell/antipode	반족세포
半透性	semipermeability	반투성
半透膜	semipermeable membrane	반투막
反応	reaction	반응
反応速度	reaction rate	반응속도
半保存的複製	semiconservative replication	반보존적 복제
ひ 干潟	tidal flats	갯벌
尾芽胚	tail bud	꼬리싹
光エネルギー	photo energy	빛에너지
光屈性	phototropism	굴광성
光傾性	photonasty	감광성
光受容器	photosensitive organ/photoreceptor	광수용기
光受容体	photoreceptor	광수용체
光走性	phototaxis	주광성
光中断	light break/night break	광중단
光発芽種子	photoblastic seed/light germinater	광발아 종자
光飽和点	light saturation point	광포화점
光補償点	light compensation point	광보상점
非競争的阻害	non-competitive inhibition	비경쟁적 억제
被子植物	angiosperm	속씨식물
皮質	cortex	피질
微小管	microtubule	미세소관
被食者	prey	피식자
被食者-捕食者相互関係	prey-predator interaction	피식자-포식자 상호관계
被食量	amount of predation	피식량
ヒストン	histone	히스톤
微生物	microbe	미생물
非生物的環境	abiotic environment	비생물적 환경
ビタミン	vitamin	비타민
ヒト免疫不全ウイルス	human immunodeficiency virus/HIV	사람면역결핍바이러스(HIV)
皮膚	skin	피부
皮膚感覚(表面感覚)	cutaneous sensation/skin sensibility	피부감각(표면감각)
表割	superficial cleavage	표할
表現型	phenotype	표현형
標識再捕法	marking-and-recapture method	표지재포획법
標的器官	target organ	표적기관
標的細胞	target cell	표적세포
表皮	epidermis	표피
表皮系	dermal system	표피계
表皮組織	epidermal tissue	표피조직
日和見感染	opportunistic infection	기회감염

日本語	English	한국어
ヒル反応	Hill reaction	힐 반응
ピルビン酸	pyruvic acid	피루브산
ふ ファージ	phage	파지
フィードバック	feedback	되먹임
フィードバック阻害	feedback inhibition	되먹임 억제
フィードバック調整	feedback control	되먹임 제어
フィトクロム	phytochrome	피토크롬
フィブリノーゲン	fibrinogen	피브리노겐
フィブリン	fibrin	피브린
富栄養化	eutrophication	부영양화
富栄養湖	eutrophic lake	부영양호
フェニルケトン尿症	phenylketonuria	페닐케톤뇨증
フェロモン	pheromone	페로몬
不応期	refractory period	불응기
フォトトロピン	phototropin	포토트로핀
ふ化	hatching/eclosion	부화
不完全強縮	incomplete tetanus	불완전강축
不完全優性	incomplete dominance	불완전우성
不完全連鎖	incomplete linkage	불완전사슬
副交感神経	parasympathetic nerve	부교감신경
副交感神経系	parasympathetic nervous system	부교감신경계
副甲状腺	parathyroid gland	부갑상샘
腹根	ventral root	복근
副腎	adrenal grand	부신
副腎髄質	adrenal medulla	부신수질
副腎皮質	agrenal cortex	부신피질
複製	replication	복제
複相	diplophase	복상
複対立遺伝子	multiple allele	복대립유전자
不消化排出量	amount of indigestion	소화불량 배출량
腐植	humus	부식질
腐植層	humus layer	부식층
腐食連鎖	detritus food-chain	부식연쇄
不随意筋	involantary muscle	불수의근
物質循環	matter cycle/material cycle	물질순환
物質生産	matter production	물질생산
物理的防御	physical defense	물리적 방어
不定根	adventitious root	부정근
不等割	unequal cleavage	부등할
負の屈性	negative tropism	음의 굴성
負の走性	negative taxis	음의 주성
負のフィードバック	negative feedback	음성 되먹임
部分割	meroblastic cleavage	부분할
プライマー	primer	프라이머(시발체)
プラスミド	plasmid	플라스미드
プランクトン	plankton	플랑크톤
プリズム幼生	prism larva	프리즘 유생
プルテウス幼生	pluteus larva	플루테우스 유생
プログラム細胞死	programmed cell death	예정세포사(PCD)
プロトプラスト	protoplast	원형질체

日本語	English	한국어
プロトロンビン	prothrombin	프로트롬빈
プロモーター	promoter	프로모터
分化	differentiation	분화
分解者	decomposer	분해자
分子系統樹	molecular phylogenetic tree	분자계통수
分子進化	molecular evolution	분자진화
分子時計	molecular clock	분자시계
分節遺伝子	segmentation gene	분절유전자
分泌	secretion	분비
分泌小胞と輸送小胞	secretory vesicle and transport vesicle	분비소포와 수송소포
分泌腺	secretory gland	분비샘
分離の法則	law of segregation	분리의 법칙
分類	classification	분류
分類群	taxon/taxonomic group	분류군
分裂	division/fission	분열
分裂期	mitotic period/mitotic phase	분열기
分裂準備期	post DNA synthetic phase	DNA 합성기 후, S기 후
分裂組織	meristem	분열조직
へ 平滑筋	smooth muscle	민무늬근
平衡覚	static sense	평형감각
平衡器	static organ/equilibrium organ	평형기관
平衡受容器	statoreceptor/equibrium receptor	평형수용기
平衡石	statolith	평형석
閉鎖血管系	closed blood-vascular system	폐쇄혈관계
βシート	β sheet	베타 병풍
βシート構造	β sheet structure	베타 병풍 구조
ベクター	vector	벡터
ヘテロ接合体	heterozygote	이형접합체
ペプシン	pepsin	펩신
ペプチド	peptide	펩타이드(펩티드)
ペプチド結合	peptide bond	펩타이드 결합
ペプチド鎖	peptide chain	펩타이드 사슬
ペプチドホルモン	peptide hormone	펩타이드 호르몬
ヘモグロビン	hemoglobin	헤모글로빈
ヘルパーT細胞	helper T cell	도움T세포
変異	variation/mutation	변이
変形菌類	myxomycetes	변형균류
扁形動物	platyhelminth	편형동물
変性	denaturation/degeneration	변성
べん毛	flagellum	편모
鞭毛菌類	zoosporic fungi	편모균류
鞭毛虫類	flagellate	편모충류
片利共生	commensalism	편리공생
ほ 膨圧	turgor pressure	팽압
膨圧運動	turgor movement	팽압운동
胞子	spore	포자
胞子体	sporophyte	포자체
紡錘糸	spindle fiber	방추사
紡錘体	spindle(body)/mitotic spindle	방추체/유사분열 방추사
胞胚	blastula	포배

日本語	English	한국어
胞胚期	blastula stage	포배기
胞胚腔	blastocoel/segmentation cavity	포배강
ボウマンのう	Bowman's capsule	보먼주머니
補酵素	coenzyme	조효소
拇指対向性(母指対向性)	thumb opposability	무지대향성
捕食	predation	포식
捕食者	predator	포식자
母性因子	maternal factors	모성인자
母性効果遺伝子	maternal effect genes	모성효과유전자
保全	conservation	보전
補足遺伝子	complementary gene	보족유전자
ホックス遺伝子	Hox gene	혹스유전자
ほ乳類	mammal	포유류
ホメオーシス	homeosis	상동이질형성
ホメオティック遺伝子	homeotic gene	호메오 유전자, 체절결정 유전자
ホメオティック突然変異	homeotic mutation	체절돌연변이
ホモサピエンス	Homo sapiens	사람, 현대인
ホモ接合体	homozygote	동형접합자
ポリソーム	polysome	폴리솜
ポリペプチド	polypeptide	폴립펩타이드(폴리펩티드)
ポリペプチド鎖	polypeptide chain	폴리펩타이드 사슬
ホルモン	hormone	호르몬
本能と学習	instinct and learning	본능과 학습
ポンプ	pump	펌프
翻訳	translation	번역
ま 巻貝類	snail	달팽이
膜電位	membrane potential	막전위
マクロファージ	macrophage	대식세포
末梢神経系	peripheral nervous system/PNS	말초신경계
マトリックス	matrix	기질(매트릭스)
マルトース(麦芽糖)	maltose	말토스(맥아당)
み ミオシン	myosin	미오신
ミオシンフィラメント	myosin filament	미오신 필라멘트
味覚	sense of taste	미각
味覚芽	taste bud	미뢰
味覚器	taste organ/gustatory organ	미각기관
見かけの光合成速度	apparent photosynthetic rate	겉보기 광합성속도
味細胞	taste cell	미각세포
道しるべフェロモン	trail pheromone	추적페로몬
密着結合	tight junction	밀착결합
密度効果	density effect	밀도효과
ミツバチのしりふりダンス	waggle dance	8자 춤
ミトコンドリア(単数)	mitochondrion	미토콘드리아
ミトコンドリア(複数)	mitochondria	미토콘드리아
ミドリムシ	Euglena	유글레나
脈絡膜	choroid	맥락막
味蕾	taste bud	미뢰
む 無顎類	Agnathia/jawless fish	무악류
無機塩類	inorganic salts	무기염류
無機物	inorganic matter	무기물

日本語	English	한국어
無髄神経繊維	unmyelinated nerve fiber	무수신경섬유
娘細胞	daughter cell	딸세포
無性生殖	asexual reproduction	무성생식
無脊椎動物	invertebrate	무척추동물
無胚乳種子	exalbuminous seed	무배유종자
群れ	herd/band/pack/pride/troop	군락
め 明順応	light adaptation	명순응
明帯	light band	명대
明反応	light reaction	명반응
メカニズム	mechanism	메카니즘
めしべ	pistil	암술
メチレンブルー	methylene blue	메틸렌블루
免疫	immunity	면역
免疫寛容	immunological tolerance	면역내성
免疫記憶	immunological memory	면역기억
免疫グロブリン	immunoglobulin	면역글로불린
免疫細胞	immune cell/immunocyte	면역세포
も 毛細血管	capillary	모세혈관
盲点	blind point	맹점
盲斑	blind spot	맹점
網膜	retina	망막
毛様体	ciliary body	모양체
モータータンパク質	motor protein	운동 단백질
目	order	눈
木部	xylem	물관부
モザイク卵	mosaic egg	모자이크란
モネラ界	kingdom Monera	원핵생물계
門	phylum(動物)/division(植物・細菌)	문
門脈	portal vein	문맥
や 葯	anther	약(꽃밥)
ゆ 有機窒素化合物	organic nitrogen compound	유기질소화합물
有機化合物	organic compounds	유기화합물
雄原細胞	generative cell	생식세포
有髄神経	myelinated nerve	유수신경
有髄神経繊維	medullated nerve fiber	유수신경섬유
優性	dominant/dominance	우성
優性遺伝子	dominant gene	우성유전자
優性形質	dominant character	우성형질
有性生殖	sexual reproduction	유성생식
優性の法則	law of dominance	우열의 법칙
雄性配偶子	male gamete	수배우자
雄性ホルモン	male sex hormone	웅성 호르몬
優占種	dominant species	우점종
遊走子	zoospore	유주자
有袋類	marsupial/pouched mammal	유대류
誘導	induction	유도
誘導の連鎖	chain of induction	유도의 연쇄
有胚乳種子	albuminous seed	유배유종자
有毛細胞	hair cell	유모세포
輸送体・担体	transporter/carrier	운반체

日本語	English	한국어
輸卵管	oviduct	수란관
よ 溶液	solution	용액
幼芽	plumule	어린눈(유아)
溶血	hemolysis	용혈
幼根	radicle	배뿌리
溶質	solute	용질
陽樹	intolerant tree	양수
幼生	larva	유생
陽生植物	sun plant/intolerant plant	양지식물/양생식물
溶媒	solvent	용매
用不用説	use and disuse theory	용불용설
羊膜	amnion	양막
羊膜類	amniote	양막류
陽葉	sun leaf	양옆
幼葉鞘	coleoptile	자엽초
葉緑素	chlorophyll	엽록소
葉緑体	chloroplast	엽록체
抑制遺伝子	suppressor gene	억제유전자
四次構造	quaternary structure	4차구조
予定運命	presumptive fate	예정운명
予定運命図	presumptive fate map/fate map	예정운명도
予防接種	vaccination/immunization	예방접종
ら ラギング鎖	lagging strand	지연가닥
ラクターゼ	lactase	락타아제
ラクトース(乳糖)	lactose	락토스(유당)
落葉	leaf abscission/leaf fall/defoliation	낙엽
落葉樹	deciduous tree	낙엽수
落葉・落枝層(リター層)	litter layer	낙엽층
裸子植物	gymnosperm	겉씨식물
卵	egg	알
卵黄	yolk	난황
卵黄栓	yolk plug	난황마개
卵黄膜	vitelline membrane	난황막
卵核	egg-nucleus	난핵
卵割	segmentation/cleavage	난할
卵割球(割球)	blastomere	난할구
卵割腔	blastocoel/cleavage cavity	포배강, 할강
ランゲルハンス島	islets of Langerhans	랑게르한스섬
卵原細胞	oogonium	난원세포
卵細胞	egg cell	난세포
卵子	ovum/ovule/egg	난자
卵軸	egg axis	난축
ラン藻	blue green algae	남조
卵巣	ovary	난소
ラン藻類	blue-green algae	남조류
ランダム分布	random distribution	임의 분포
ランビエ絞輪	Ranvier's constriction/node of Ranvier	랑비에결절
卵母細胞	oocyte	난모세포
卵膜	egg membrane	난막
り リーダー	leader	선도

日本語	English	한국어
リーデング鎖	leading strand	선도가닥
離層	abscission layer	탈리층
リソソーム	lysosome	리소좀
リゾチーム	lysozyme	라이소자임
利他行動	altruistic behavior	이타행동
リパーゼ	lipase	리파아제
リプレッサー	repressor	리프레서, 억제인자
リボース	ribose	리보스
リボソーム	ribosome	리보솜
リボソームRNA	ribosomal RNA	리보솜 RNA
両親	parent	부모
両生類	amphibian	양서류
緑色硫黄細菌	green sulfur bacteria	녹색 황세균
緑藻類	green algae	녹조류
林冠	canopy/leaf canopy	숲지붕, 임관
輪形動物	rotifer, trochelminth	윤형동물
輪形動物門	Rotifera	윤형동물문
リン酸	phosphoric acid	인산
リン脂質	phospholipid	인지질
林床	forest floor	임상
リンパ液	lymph	림프액
リンパ管	lymphatic vessel/lymph duct	림프관
リンパ器官	lymphatic organ	림프기관
リンパ球	lymphocyte	림프구
リンパ系	lymphatic system	림프계
リンパ節	lymph node	림프절
る 類人猿	anthropoid/ape	유인원
れ 冷覚	sense of cold/cold sensation	냉각
齢構成	age distribution/age structure	연령구조
霊長類	primate	영장류
冷点	cold spot	냉점
劣性遺伝子	recessive gene	열성유전자
劣性形質	recessive character	열성형질
連合野	association area	연합령
連鎖	linkage	연쇄
レンズ	lens	렌즈
ろ ろ過	filtration	여과
六炭糖	hexose	헥소스(육탄당)
ロドプシン	rhodopsin	로돕신
ワクチン	vaccine	백신
ワクチン接種, 予防接種	vaccination	백신접종, 예방접종
わ 和名	Japanese name	일본식 명

理 科　解 答 用 紙

自己分析シート

それぞれの模擬試験の正解数を，「正解・解答記入表」(p.188〜197) に記載された「分野」にしたがって記入しましょう。

回	正解数							ランク
	Ⅰ	Ⅱ	Ⅲ	Ⅳ	Ⅴ	Ⅵ	合計	
第1回	/5	/4	/3	/2	/2	/2	/18	
第2回	/4	/4	/4	/3	/1	/2	/18	
第3回	/4	/4	/4	/4	/1	/1	/18	
第4回	/9	/3	/1	/2	/1	/2	/18	
第5回	/5	/4	/3	/2	/2	/2	/18	
第6回	/4	/5	/2	/3	/2	/2	/18	
第7回	/6	/3	/3	/3	/2	/1	/18	
第8回	/7	/3	/3	/2	/1	/2	/18	
第9回	/5	/5	/3	/2	/2	/1	/18	
第10回	/6	/2	/3	/4	/2	/1	/18	

ランクの付け方

Sランク 正解数が **18問**

Aランク 正解数が **15問以上**

B ランク…正解数が **13問以上**

C ランク…正解数が **10問以上**

D ランク…正解数が **9問以下**

Ⅰ．生命現象と物質
Ⅱ．生殖と発生
Ⅲ．生物の体内環境と維持
Ⅳ．生物の環境応答
Ⅴ．生態と環境
Ⅵ．生物の進化と系統

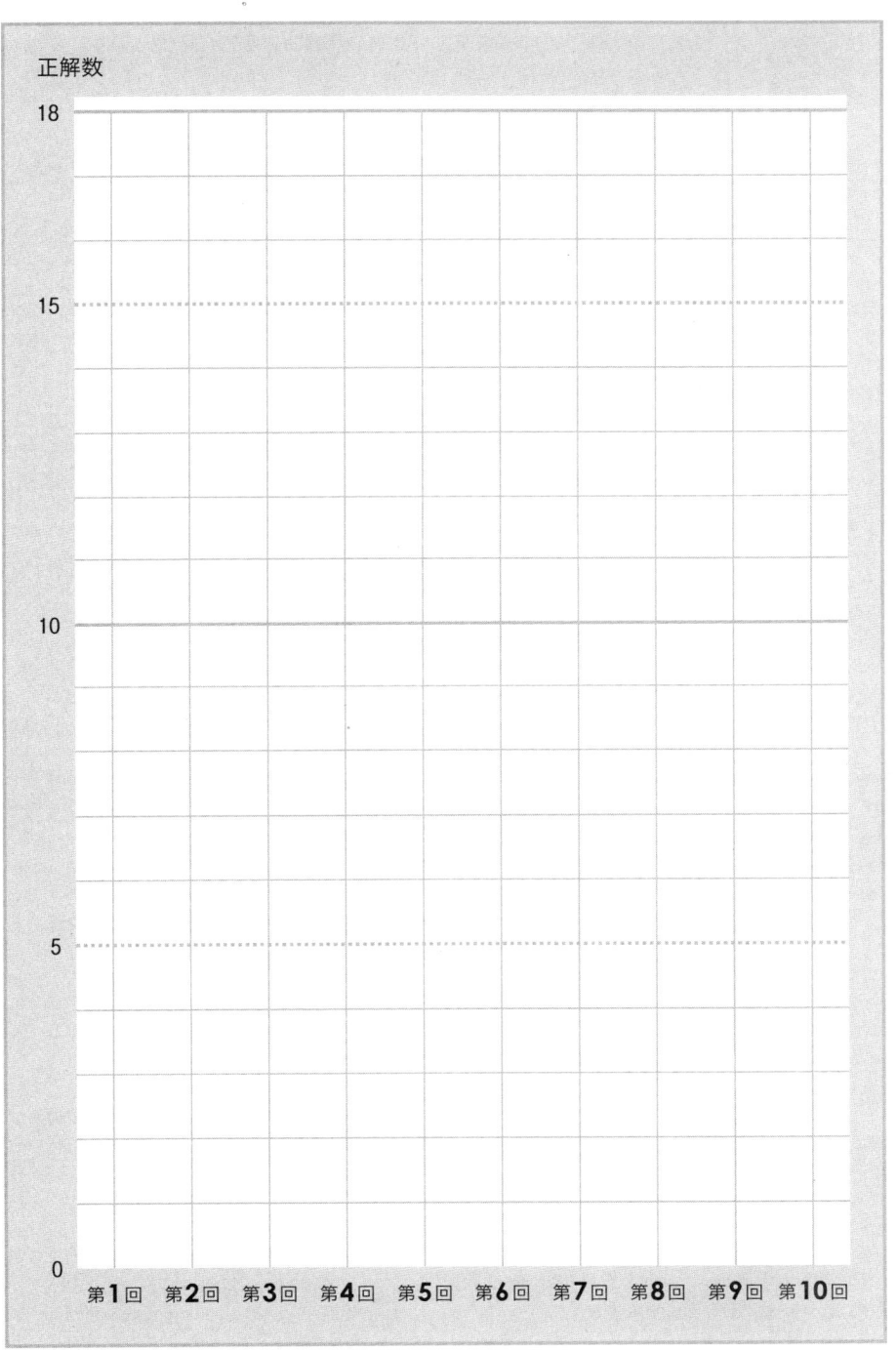

일본유학 체험담

권태환

- 재적학교 : 주오대학 상학부 재학중
- 나이 : 만 25세
- 한국에서 최종학교 : 효성고등학교(2009년 졸업)
- 일본에 온 년도 : 2013년

" 경제적 여유가 넉넉하지 않다면 제도적 지원과 주변 환경을 숙지하자. "

1. **일본에 유학한 동기는 무엇입니까?**
   미국과 한국의 FTA로 한국에 큰 변화가 있었습니다. 그때 FTA를 알아보다 무역에 관심을 가지게 되었습니다. 그런데 유학 올 시기에 한·중·일 FTA가 화제가 돼서 원래부터 관심이 있던 일본과의 FTA에 대해 생각 하던 중 일본에 대해 더 많이 알면 원활한 무역이 가능하지 않을까라는 생각이 저를 유학으로 이끌었습니다.

2. **가족이나 친구들의 반응은 어떠했나요?**
   대부분 신기하다는 반응이었습니다. 일단 주변에서 유학을 가고자 하거나 유학에 대해 아는 사람이 많지 않았고 제 주도적인 결정이었기에 부모님도 많은 정보를 알지 못하셨습니다. 단편적으로 아는 일본의 물가나 가족과 떨어지는 것에 대한 걱정으로 유학에 대한 우려를 표하는 사람도 있었지만, 제가 확고히 결정을 하자 모두 지지해주었습니다.

3. **일본 문화의 어떤 점에 흥미를 가졌습니까?**
   수치화된 결과로 사람을 평가하기 보다는 그 사람의 열정과 가능성을 높이 평가하는 부분에 흥미를 느꼈습니다. 이런 존중하고 배려하는 문화에서 비롯된 학습 풍토 속에서 취업을 위한 공부가 아닌 자신이 하고 싶은 공부를 할 수 있었습니다.

4. **일본에 와서 가장 힘들었던 점은 무엇인가요?**
   아무래도 가장 힘든 것은 역시 친지와 떨어져 쉽게 왕래할 수 없다는 점이었습니다. 그렇지만 서클, 아르바이트, 세미나 활동 등에서 적극적으로 활동하며 일본에서 친구를 사귀게 된 후로는 외로움이 많이 사라졌습니다.

5. **학교 생활에 있어서 가장 힘든 점은 무엇인가요?**
   금전적인 문제가 가장 힘들었습니다. 유학 생활비를 충당하기 위해 아르바이트를 해야만 했는데 이는 제가 공부 일정을 제외하고 반드시 해야만 하는 일이 있다는 점 때문에 공부에 어느 정도 영향을 미쳤습니다. 그렇지만 현재는 장학재단에서 장학금을 받아 어려움이 해소돼서 학생생활에 집중할 수 있게 됐습니다.

6. **지금 재학 중인 학교를 선택한 이유는 무엇인가요?**
   학문적인 면과 현실적인 면에서 굉장히 좋은 환경이 조성되어 있는 것을 보고 선택했습니다. 학문적인 면에서는 학장님 같은 권위 있는 교수님께서 열정적으로 지도해주시며 공부하기 좋은 시설적, 환경적인 요건을 가지고 있습니다. 또 현실적인 면에서 유학생들을 위한 실무적인 제도가 잘 구비되어 있어 학문에 방해가 되는 요소들에 대한 걱정을 쉽게 덜 수 있는 점이 매력적이었습니다.

7. **일본 유학을 한 후에는 어떻게 할 생각인가요?**
   일본에서 취업할 예정입니다. 대학을 졸업하면 저의 전공인 상학을 살려서 일본의 기업에 취업하는 것을 목표로 하고 있습니다. 취업 후에 일본 회사에서의 경험을 쌓은 다음 한국으로 돌아갈지 계속하여 일본에서 직장 생활을 할지는 아직 마음으로 결정하지 못하고 있습니다.

8. **평소의 아르바이트에 대해서 알려 주세요.**
   어떤 아르바이트가 좋을까 생각하다가 좀 더 빠른 적응을 위해서 일본어를 사용할 기회가 많은 테마 파크에서 2년 가량 아르바이트를 했습니다. 사람들을 많이 접하는 일이다 보니 육체적으로는 고됐지만, 그에 따라 오는 업무적 성취감과 현지의 동료들과 업무를 하며 문화이해와 협동심을 길러나갈 수 있어 좋았습니다. 학기 중에는 주 2~3회, 방학 때는 주 5회 정도를 하였습니다.

9. **한 달 생활비는 대략 어느 정도인가요?**
   한달 총 생활비는 8만엔인데 집세와 식비로 각각 3만엔, 공과금으로 1만엔, 교통비와 기타비용으로 1만엔을 소비하였습니다. 원래는 아르바이트로 충당하였으나 현재는 달마다 받는 장학금과 저축금으로 생활하고 있습니다.

10. **일본 유학을 생각하는 한국의 학생들에게 조언을 하신다면?**
    최근 일본 유학 경험담이 한국 내에 점점 퍼지며 일본이 한국보다 더 나은 기회를 가진 곳이라는 장점이 부각되고 있습니다. 하지만 막상 유학을 와보면 타국에서의 생활이 마냥 수월하지는 않다고 확실히 말씀드릴 수 있습니다. 그러나 약간의 어려움만 이겨낼 수 있다면 일본은 그런 여러분들을 환영할 것입니다. 마지막으로 현실적인 조언을 하나 하자면 경제적 여유가 넉넉하지 않으신 분들은 유학을 오시기 전 제도적 지원과 주변 환경에 대해서 먼저 숙지하고 오시는 것을 추천합니다.

일본유학 체험담

장지유

- 재적학교 : 오비린대학
- 나이 : 만 26세
- 한국에서 최종학교 : 가톨릭관동대학교(2015년 졸업)
- 일본에 온 년도 : 2013년 8월~2014년 9월(1년간 오비린대학 교환유학)

" 세계를 향한 안내역이 되어준 오비린 교환유학의 경험 "

1. **일본에 유학한 동기는 무엇입니까?**
   글로벌 문화 콘텐츠에 흥미가 있었습니다. 특히 한국과 일본은 가장 가까운 나라로, 서로 영향을 받으면서도 각각 뚜렷한 개성을 가진 문화를 꽃피워냈습니다. 그 차이와 원동력, 그리고 상호 교류가 가능한 부분에 대해 연구가 된다면 더 훌륭한 발전을 이룩해 낼 수 있지 않을까 하는 기대를 품게 되었습니다. 마침 세계적으로 교류가 활발히 이뤄지는 오비린대학을 알게 되었고, 일본과 세계의 문화를 함께 접할 수 있는 좋은 기회라 생각하여 유학을 결심하게 되었습니다.

2. **가족이나 친구들의 반응은 어떠했나요?**
   의외라는 반응과 대단하다는 반응이 있었습니다. 외로움을 많이 탐에도 불구하고 친구들, 가족과 멀리 떨어져서 1년간을 타지에서 보내겠다는 결심을 내렸기 때문입니다. 당시 시험기간이 모집기간이었던 만큼 준비가 매우 힘들었습니다. 하지만 그만큼 교환유학에 대해 확고한 의지를 보여줄 수 있었기에 우려하던 시선이 점점 인정하는 시선으로 바뀌어 친구와 교수님, 가족 모두가 격려와 지지를 보내주었습니다.

3. **일본 문화의 어떤 점에 흥미를 가졌습니까?**
   자연스럽게 문화를 소비하고 보존하는 분위기가 사회 전반에 깔려있었습니다. 그로 인해 자연스레 발전이 됨과 동시에 생활 자체가 문화로 풍요롭더군요. 여유를 가질 수 있게끔 조성되어있는 사회분위기가 상당히 매력적이었습니다.

4. **일본에 와서 가장 힘들었던 점은 무엇인가요?**
   체력관리가 가장 힘들었습니다. 하고 싶은 것도 많이 생기고 의욕도 넘쳐나는데 체력이 따라주지 못해서 자주 병원에 가야 했던 점이 다소 힘들었습니다.

5. **학교 생활에 있어서 가장 힘든 점은 무엇인가요?**
   이수 과목을 선정할 때가 가장 힘들었습니다. 오비린의 특성 상 체험을 중요시 하기 때문에 '공부'에 충실하면서도 즐겁게 '학습'이 가능한 과목이 상당히 많습니다. 그러다 보니 필수과목을 이수하고도 욕심을 부리게 되어 스케줄을 빠듯하게 짜곤 했습니다. 몸이 피곤해지긴 했지만 정말 놀이공원에 간 기분으로 다양한 과목을 체험하기 위해 부지런히 움직였습니다.

6. **지금 재학 중인 학교를 선택한 이유는 무엇인가요?**
   학생의 입장을 상당히 많이 고려하고 배려하는 학교라는 인상을 받아 선택했습니다. 전공분야를 확장시킬 수 있는 연계 교양과목이 많은 점도 매력적이었습니다. 덕분에 전공인 일본어를 학습하면서도 관심이 많았던 글로벌 문화에 대해 배우고, 일본의 문화들을 몸소 체험할 수 있는 값진 시간을 보낼 수 있었습니다. 뿐만 아니라 학생과 소통이 잘 되어 요구에 대해 듣고 빠르게 반영해주는 점 또한 인상적이었습니다.

7. **일본 유학경험을 어떻게 살릴 예정인가요?**
   한국에서 일본과 문화를 교류, 발전시킬 수 있는 업종에서 커리어를 쌓아 갈 예정입니다. 실제로 체험한 일본에 대한 전반적인 지식을 살려 한·일 양국의 문화 콘텐츠가 서로 긍정적인 상호작용을 일으킬 수 있으면 좋겠다는 바램을 실현시키고 싶습니다.

8. **학업 이외에 어떤 활동을 했나요?**
   교환유학 기간 동안 머물렀던 국제기숙사에서 RA(Resident Assistent)활동을 하였습니다. 단순하게는 학생 신분으로 기숙사를 관리하는 일이었습니다만 딱딱한 역할만 있었던 것은 아닙니다. 학교의 배려에 힘입어 이벤트를 열고, 세계 각국의 친구들이 한 곳에서 만나는 교류의 장을 만드는 등 RA활동을 통해 학교생활만으로는 불가능했던 멋진 체험과 배움의 기회를 얻을 수 있었습니다.

9. **한 달 생활비는 대략 어느 정도인가요?**
   한달 생활비는 6만엔정도 들었습니다. 식비로 재료비, 외식 포함하여 3~4만엔 생활용품에 1만엔 교통비, 활동비 등으로 1~2만엔 정도를 평균적으로 소비했습니다. 기숙사에서 취식이 가능했기에 아껴서 생활하면 생활비를 더 줄일 수 있었습니다.

10. **일본 유학을 생각하는 한국의 학생들에게 조언을 하신다면?**
    일본은 확실히 매력적인 곳입니다. 실제로 체험을 해 보면 책상에 앉아 배워서 알게 된 것은 정말 일부분이라는 걸 느끼게 될 것입니다. 즐거움이나 만족감 또한 훨씬 클 것입니다. 하지만 너무 큰 판타지를 가지고 일본에 오는 것은 그리 추천하지 않습니다. 일본이란 나라도 엄연히 살아가야 하는 현장이며 힘든 점 또한 있을 수 밖에 없으므로 환상을 바라고 온다면 견디기 힘들 수도 있습니다. 그래도 역시 일본 유학을 추천하고 싶은 이유는 일본에서 배울 수 있는 부분이 너무나도 많기 때문입니다. 자신의 상황을 고려하여 각오를 다지고 온다면 좋은 경험이 될 것입니다.

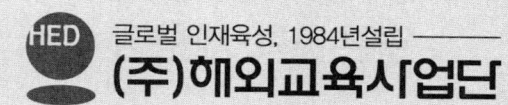
(주)해외교육사업단
글로벌 인재육성, 1984년설립

1984년 설립!
오랜 경험과 방대한 실적
글로벌 시대의 인재 육성에 노력을 다하고 있습니다.

성공유학
수준 높은 교육
정확한 수속
긴밀한 제휴

유학생 / 학교 / HED

공신력 · 안전성 · 책임감을 바탕으로 합니다!

수속대행 주요내용

- 유학의 검토, 준비과정을 심층 상담해 드립니다.
- 자신에게 가장 알맞은 학교선택을 도와 드립니다.
- 합격을 위한 수험준비 입시내용을 지도해 드립니다.
- 입학허가 비자수속이 정확하게 진행되도록 도와 드립니다.
- 기숙사, 항공편, 핸드폰, 여행보험을 대행합니다.
- 일본에서의 유학생활이 안정되도록 도와드립니다.
- 진로지도 서포트 시스템을 갖추고 있습니다.

HED의 수속분야

- 장기어학연수
- 단기어학연수
- 대학원유학
- 고등학교유학
- 대학유학
- 전문학교유학
- 수학여행
- 기업체 연수
- 홈스테이

URL : www.hed.co.kr

본원 약도

두산베어스텔 709호
6번 출구 / 7번 출구
양재역 — 강남역 — 역삼역
더조은컴퓨터아카데미 / 메리츠증권 / YBM어학원 / 파고다어학원 / 교보빌딩

문의 / 접수

본 원
서울시 서초구 강남대로 381
두산베어스텔 709호
☎ : 02-552-1010(대표)
fax : 02-552-1062

긴급전화 (010) 6207-6404

일본/도쿄 전화 090-4439-7490 (한 · 일공통)

카카오톡

㈜해외교육사업단 발행 도서

일본유학시험(EJU)
2018년 1회 기출문제

일본유학시험(EJU)
2017년 2회 기출문제

일본유학시험(EJU)
2017년 1회 기출문제

일본유학시험(EJU)
2016년 2회 기출문제

일본유학시험(EJU)
모의시험: 수학1

일본유학시험(EJU)
모의시험: 수학2

일본유학시험(EJU)
모의시험: 종합과목

일본유학시험(EJU)
모의시험: 청독해/청해

일본유학시험(EJU)
모의시험: 물리

일본유학시험(EJU)
모의시험: 화학

일본유학정보도서
일본 유학으로 성공하기

일본유학정보도서
일본대학 학과도감

▶ 판매처 : 교보문고, 영풍문고, 예스24, 알라딘, 인터파크 (각 서점 및 사이트에서 구입 가능)

▶ 해외교육사업단 : 전화 02-552-1010/ 팩스 02-552-1062/ 이메일 hedc@hed.co.kr

편저

일본유학시험(EJU) 모의시험(10회분)
생물

발 행 일 : 2019년 7월 15일 초판1쇄
편 저 자 : 코치학원 생물 교연팀
펴 낸 이 : 송 부 영
펴 낸 곳 : (주)해외교육사업단
등 록 일 자 : 1997년 4월 14일
등 록 번 호 : 제16-1456호
주　　　소 : 서울시 서초구 서초동 강남대로 381
　　　　　　전　화 02-736-1010
　　　　　　팩　스 02-552-1062
　　　　　　이메일 song@hed.co.kr

* 이 도서의 국립중앙도서관 출판예정도서목록(CIP)은 서지정보유통지원시스템 홈페이지(http://seoji.nl.go.kr)와 국가자료종합목록 구축시스템(http://kolis-net.nl.go.kr)에서 이용하실 수 있습니다.
  (CIP제어번호: CIP2019025385)
* 이 교재의 내용을 사전 허가 없이 전재하거나 복제할 경우 법적인 제재를 받게 됨을 알려드립니다.
* 잘못된 책은 구입하신 서점이나 본사에서 교환해 드립니다.

ⓒ2019 Coach Academy co., Ltd.
ISBN 979-11-85979-29-8